건설과 금융
융복합 시대

CONSTRUCTION AND FINANCE, THE AGE OF COLLABORATION

건설과 금융
융복합 시대

머리말

> "
>
> 단순한 EPC(설계·구매·시공)에서 벗어나
> 디벨로서로서의 사업기획 능력과 파이낸싱을 융합해
> 글로벌시장에서 새 사업기회를 발굴해야 한다.
>
> "

몇해 전 서종욱 당시 대우건설 사장이 한 말이다. 그는 저자와의 인터뷰에서 건설사의 신성장동력을 '디벨로퍼·파이낸싱'의 융합에서 찾았다. 그가 던진 화두는 지금도 유효하다. 과거 1990년대 이전 고도성장기 건설사들은 민간 금융 기법이 많이 필요하지 않았다. 지어야할 사회간접자본이 넘쳤고 집이 부족하던 시기 공공공사나 주택사업은 주로 현금장사였기 때문이다. 발주처에 공사 이행을 약속하기 위한 보증보험서 정도만 필요했다.

1990년대 이후 프로젝트파이낸스(PF)금융기법이 도입되면서 건설사와 금융은 뗄레야 뗄 수 없는 관계가 됐다. 프로젝트 파이낸스 방식의 금융은 프로젝트 자체의 수익을 대출원리금 상환재원으로 한 금융이다. 즉 특정 프로젝트로부터 발생할 미래의 현금흐름을 대출원리금의 주요 상환재원으로 유무형의 프로젝트 자산을 대출 담보로 해, 별도 설립된 특수목적회사(Project Company)에 자금을 공급하는 방식이다.

지난 1995년 민자도로인 인천국제공항고속도로에 처음 도입된 이래 도로 철도 등 사회기반시설(SOC), 발전소사업, 부동산개발 사업으로 확대됐다. 건설사가 국내외에서 인프라사업이나 부동산사업을 벌이려면 민간 파이낸싱을 잘 해야 한다. 특히 부동산은 자금 조달과 파이낸싱 구조가 사업 성패를 좌우한다 해도 과언이 아니다.

건설산업에서 똑똑한 파이낸싱을 위해선 사업성 분석을 잘 해야 하고 자금줄인 개인과 기관투자자의 특성을 잘 이해해야 한다. 최근 국내 연기금·보험사 등 기관투자자의 특징을 보면 요구 수익률이 낮아지고 안전자산 선호현상이 두드러지고 있다. 풍부한 유동성을 보유한 기관들이 장기 저금리 시대에 적응한 결과다. 오피스빌딩의 실질 임대료(무상 임대 제외)에 근거한 캡레이트(Cap Rate 자본환원율)는 매년 하락하고 있다. 이는 앞으로 수익률이 더욱 낮아질 상황에 대비해 요구수익률을 낮추며 앞다퉈 우량 투자대상 확보에 나섰기 때문이다.

투자 수요가 늘었지만 리스크 관리 수준 역시 강화돼 안전자산 선호도가 높아졌다. 기관투자자들은 회사채시장에서 우량 신용등급인 A등급만 찾고 있다. 이런 현상은 실물 부동산 투자에서도 나타난다. 우량 신용등급 기업의 임차인이 장기로 책임 임차한 상업시설이나 오피스빌딩에 대한 투자가 가장 선호되고 있다. 전문가들은 기관 투자자들의 이런 특성을 스마트하게 활용하면 침체에 빠진 부동산 경기나 민자 사회간접자본(SOC) 시장의 활성화가 가능하다고 본다.

인프라시설에서도 민간자본을 '똑똑하게' 활용하면 내수 활성화를 달성할 수 있다. 노후 SOC시설 개량이나 지상 공원화사업, 생활형 SOC사업 등에 민간 유동성을 유치하면 국민 삶의 질도 높일 수 있다. 그러나 유동성이 풍부하더라도 위험을 싫어하고 안전 자산을 선호하는 기관투자자들의 특성을 이해하지 못하면 민간자본 활용은 '그림의 떡'일 수 밖에 없다. 유럽을 중심으로 선진국은 인프라사업의 소요자금을 기관투자자로부터 조달하기 위해 이들의 시장 참여 장애요인을 제거하는 데 바쁘다. 기관투자자 자금을 상업금융보다 선순위에 준다거나 인프라에 투자하는 '프로젝트본드' 활성화에 나서고 있다. 경기 활성화를 위해 부동산이나 인프라 사업을 늘리는 것은 세계 각국이 마찬가지다. 이들 사업을 위해선 금융조달이 가장 기본이다. 건설부동산에 '스마트 파이낸싱'이 필요한 이유다.

이 책은 그간의 칼럼과 기사를 선별하고 최근의 건설 및 금융 트렌드를 취재해 보강한 것이다. 건설 부동산 파이낸싱과 관련해 건설사와 금융사의 길잡이가 됐으면 한다.

CONTENTS

CONTENTS

제2장 인프라금융, 미래 먹거리는?

제3장 해외 프로젝트금융시장, 팀코리아로 승부걸자

Chapter

1

부동산업계와
금융권의 밀월시대

01

한국 부동산 금융은 변화 중

한국 부동산 금융시장이 변화를 모색하고 있다. 부동산 투자에 특화된 사모펀드 자산운용사들이 잇따라 등장하고, 부동산 담보 P2P(개인 간 거래) 대출시장이 급성장하고 있다. 최근 부동산 금융시장에서 가장 주목받는 분야는 사모펀드다. 사모펀드 운용사 설립요건을 완화하는 내용을 담은 자본시장법 개정안이 시행되면서 스타급 플레이어들이 속속 사모펀드로 헤쳐 모이고 있다. 2017년 6월 50조 8000억원이었던 부동산 사모펀드의 운용 자산은 2018년 3월 60조원을 돌파한 이후 다시 3개월만에 4조원이 증가한 64조 6000억원을 달성했다. 부동산 운용사로 돈이 몰리면서 신생사 설립도 급증하고 있다. 자본금 20억원만 있으면 설립이 가능해지며 중소형 운용사들이 우후죽순 생기고 있다. 금융감독원에 따르면 지난 9월말 기준 등록된 국내 자산운용사는 총 250여개에 달한다.

한국자산신탁은 부동산 사모펀드 운용사인 한국자산운용을 설립했다. 한국자산신탁 대주주는 문주현 부동산개발협회 회장이 이끄는 국내 최대 디벨로퍼 MDM이라는 점에서 한국자산운용의 활약상이 기대를 모으고 있다. 황태웅 전 도이지자산운용 대표도 부동산 사모펀드 운용사인 페블스톤을 세웠다. 황 대표는 삼성생명 시절부터 부동산시장에서 잔뼈가 굵어 그의 움직임에 국내외 부동산 기관투자자들이 주목하고 있다.

부동산과 핀테크(Fintech)의 결합도 소리없는 변화 중 하나다. 한국P2P금융협회에 따르면 2018년 8월 말 기준 60개 회원사의 누적대출액은 2조 4952억원에 이른다. 항목별로는 부동산 담보 대출이 8885억원으로 가장 많았다. 부동산 프로젝트파이낸싱(PF)이 7631억원, 기타 담보 6276억원, 신용대출이 2160억원으로 그 뒤를 이었다. 부동산 관련 P2P업체는 개인에게서 자금을 모집해 100억원 이하 공사에 연 이율 8 ~

15% 건축자금을 빌려주고 있다.

지난 2000년 태동한 리츠도 부동산금융시장에서 중추적 역할을 맡으면서 제2 전성기를 준비하고 있다. 이와 관련, 정용선 리츠협회 회장은 "리츠투자는 개인들이 부동산을 직접 소유하며 직접 임대 운영하는데 따르는 각종 부담과 번거로움을 피하면서 직접 소유 이상의 경제적 효과를 거둘 수 있는 점이 매력적"이라며 "최근 연이은 대형 리츠 상장으로 리츠의 대중화 시대가 열리고 있다"고 말했다.

부동산금융시장에 새로운 상품이 등장하고 유동자금이 몰리면서 부동산 투자도 더욱 활발해질 것으로 예상된다. 안정적 가격을 유지하는 실물부동산 투자는 물론 고수익 실현을 위해 개발형 부동산에도 투자자금이 몰릴 것으로 전문가들은 예측한다. 상품별로는 오피스빌딩, 리테일, 물류창고, 부실채권(NPL) 등으로 다양화하고 국내외 부동산을 넘나들 것이다. 이런 변화는 금융산업과 금융기법의 발전을 가져올 것으로 기대된다. 부동산 사모펀드가 발달한 해외에서는 블랙스톤 등이 부동산으로 운용하는 자산규모가 100조원을 웃돈다. 사모펀드와 리츠가 아직은 생소한 메자닌(Mezzanine) 투자 등을 통해 부동산 개발사업 초기 단계에 자금을 투자하는 사례도 늘 것이다.

이처럼 기대가 크지만 투자자들의 신뢰를 얻는 게 발전을 위한 첫 걸음이다. 금융시장 경쟁이 격화될수록 무모한 선택이나 개발에 내몰릴 위험이 도사린다. 특히 P2P 대출은 개인 투자자들의 자금 유입 창구인 만큼 금융당국이 적절한 안전장치를 마련해 양질의 부동산금융이 공급될 수 있도록 노력해야 한다. 부동산은 자금 조달과 파이낸싱 구조가 사업 성패를 좌우한다. 부동산 사모펀드와 P2P 대출 등 새로운 금융서비스가 건전하게 성장하면서 국내 부동산산업을 한단계 끌어올려야 한다.

02

누이 좋고 매부 좋은
부동산금융 확산

DB금융투자의 부동산금융부서는 지난 2016년 전문 인력을 영입하고 토지입찰보증금 대출시장에 뛰어들어 1조원 가까운 공급 실적을 올렸다. 2~3년 전 부터 토지주택공사(LH)가 분양하는 택지에 대한 입찰 붐이 일면서 건설사 사이에 입찰보증금 수요가 커졌다. 지난 2015년 8월 LH가 분양한 울산 송정지구 택지 입찰에 건설사들이 대거 참여하면서 입찰보증금만 16조원 몰리기도 했다. 보증금에 대한 건설사들의 단기 대출 수요가 급증하자 증권사들이 보증금 대출상품을 선보였는데 히트를 친 것이다. 증권사들은 LH의 보증금 반환을 담보로 대출을 유동화하기 때문에 리스크도 거의 지지 않는다.

증권사들의 부동산금융시장 역할 확대는 이런 시장 수요에 맞는 상품 개발과 궤를 같이 한다. 김성환 한국투자증권 부사장은 지난 2001년 초 은행과 보험사의 전유물이던 부동산PF대출시장을 증권사 비즈니스로 옮겨왔다. PF대출채권을 ABCP(자산유동화기업어음)기법으로 전환해 자본시장에서 유동화한 것이다. 현재는 대부분의 증권사가 이런 업무를 위해 프로젝트금융부서를 두고 있다. PF유동화시장이 커지면서 부동산금융이 증권업계 수익에 상당한 기여를 하고 있다. 건설사 역시 은행에 비해 싼 금리로 개발자금을 조달할 수 있어 이득이다.

　　김기형 메리츠종금증권 부사장도 '미분양담보대출 확약(미담확약)'이라는 히트상품을 내놓아 부동산금융 판을 키웠다. 미담 확약이란 준공 이후 미분양 물량이 생길 경우 금융회사가 이를 담보로 건설사에 자금을 대출해주거나 지급 보증해주기로 약속하는 것을 말한다. 즉 미분양 물량을 받아주기로 약정하고 수수료를 받는다. 이 상품이 나오면서 미분양 우려로 막힌 건설사들의 자금조달 구조를 터줬다.

부동산금융시장은 앞으로 더 커질 것이다. 스타급 플레이어들이 여의도 증권가에 뛰어들고 있다. 이병철 전 하나금융그룹 부동산사업그룹장은 KTB금융그룹을 인수해 부동산금융 특화 증권사로 변신시키고 있다. KTB그룹의 이 부회장은 선진시장 추세처럼 부동산금융의 성장성이 크다고 자신하고 있다. 부동산금융의 파이가 커지고 인재들이 몰리는 것은 저금리가 만들어낸 결과다. 저금리로 줄어드는 수익을 보전하는데 이 만한 상품이 없다. 뛰어난 인력이 몰려들수록 새로운 수요에 대응하는 금융상품 개발이 활발해진다. '토지입찰금 대출상품'이나 '미담확약'을 잇는 히트 상품이 나오지 않으리라는 법이 없다.

눈 밝은 증권사들은 임대주택이 늘어나는 추세에 맞춰 관련 유동화상품 개발에 박차를 가하고 있다. 이런 변화는 금융사는 물론 주요 고객이자 수요처인 건설산업에 혜택으로 돌아갈 것으로 보인다. 부동산금융시장 확대는 저금리가 만들어낸 산물이지만 누이 좋고 매부 좋은 일이 될 것이다.

[금융맨이 된 건설맨]

건설과 금융의 융합 추세가 본격화되면서 IB업계로 이직하는 건설인도 이어지고 있다. 그 혜택은 금융사에 있지만 건설업계에도 주어진다. 건설인의 입장에 서 온 만큼 건설기업 고객이 무엇을 원하는지 잘 이해하기 때문이다. 토지신청금 대출, 토지중도금 반환대출, 미분양담보대출 확약 등 기존에 없던 상품들이 여의도 증권가에서 히트친 것은 건설사의 니즈를 꿰뚫고 있는 건설 출신 증권맨이 있어서다.

우미건설 출신의 조학현 DB금융투자 부장은 "건설 매커니즘을 잘 아는 전문인력이 금융사에 많이 이직할수록 새로운 수요에 대응하는 금융상품 개발이 더욱 활발해질 것"이라고 강조했다.

물론 부동산 개발시장에서 IB업계의 역할이 커지면서 예전에 없던 고액의 자문 주선 수수료 등 부작용이 없는 것은 아니다. 사업을 바라보는 건설사와 금융사의 시각차가 있는 것도 사실이다. 이럴 때일수록 건설 출신 IB맨들이 신뢰와 네트워크를 갖고 간극을 줄이면서 접점을 늘려가야 한다, 건설사들이 목말라하는 금융 솔루션을 제공하고 가려운 부분을 긁어줄 수 있어서다. 동부건설 출신의 박기석 현대차투자증권 팀장의 말이다. "사람을 위한 도시는 계속 발전해 갈 것입니다. 그러기 위해서는 건설이라는 인력과 금융이라는 돈이 반드시 필요해요. 어느 쪽에서 일하든 보람은 같다고 생각합니다."

03

리츠, 전성기의 꿈 이루나

요즘 부동산시장에서 핫한 상품이 있다. 바로 리츠(부동산투자회사)다. 정부 정책이나 LH(토지주택공사)와 같은 발주처가 시장을 확대하는 쪽으로 방향을 틀면서 건설사와 금융사 할 것 없이 리츠시장에 뛰어들고 있다.

정부가 업계 숙원인 '리츠와 부동산펀드의 겸업'을 허용하면서 리츠 활성화의 물꼬를 텄다. 그동안은 금융위원회(펀드)와 국토교통부(리츠)로 소관부처가 나뉘어 두 상품간 칸막이가 높았다. 경계가 허물어지면서 미래에셋자산운용 등 펀드운용사들이 리츠를 설립하고 있다. 이어 금융당국은 금융지주

사가 자회사로 리츠 자산관리회사(AMC)를 설립하도록 혜택
을 줬다.

이는 신한금융과 농협금융에 대한 맞춤형 선물이다. 리츠
AMC 역할을 하는 부동산신탁사가 없다는 게 두 금융지주의
아쉬움이었다. 신한금융은 곧바로 신한리츠운용을 설립했고
판교 알파돔시티 오피스빌딩을 담은 리츠를 성공적으로 상장
시켰다. 지난 7월 출범한 NH농협리츠운용은 NH금융지주의
자본력은 물론 경제사업과 금융사업을 아우르는 범농협의 네
트워크를 활용할 수 있다. NH농협리츠운용은 조만간 첫 상
품을 선보일 계획이다.

지난 2018년7월 기준 정부로부터 인가를 받은 리츠 AMC
는 총 29곳이다. 특히 2018년 들어서는 ▲2월 엠디엠투자운
용 ▲6월 NH농협리츠운용, 이지스자산운용 ▲7월 한국리테
일투자운용리츠 등 4곳이 리츠 설립 인가를 받았다. 2001년
리츠가 국내 도입된 후 2017년까지 연간 0~3곳 수준에서
설립 인가가 이뤄졌으나 2018년에는 역대 최대 규모를 달성
했다.

올해 첫 리츠 설립인가를 받은 엠디엠투자운용의 모회사는 지금까지 주택 분양 사업으로 크게 성장한 부동산 개발업체 엠디엠(MDM)이다. 엠디엠은 당초 계열사 한국자산신탁을 통해 리츠 AMC 업무를 해왔고 지난 2016년에는 부동산펀드 업무를 담당하는 한국자산에셋운용을 설립하기도 했다. 이번에 새로 엠디엠투자운용을 설립한다는 것은 관련 업무를 강화한다는 전략으로 풀이된다.

LH가 주택건설사업에 리츠 방식을 도입하면서 사업 수주를 위한 건설사들의 리츠 설립 역시 잇따르고 있다. 사업 다각화를 위해 대림산업과 현대산업개발과 같은 건설사들이 리츠 운용사를 설립했다. 리츠 플레이어가 북적대는 것은 시장 발전을 위해 반가운 일이다. 이는 그러나 먹을 파이가 줄어든다는 것도 의미한다. 가뜩이나 리츠의 주요 투자대상인 국내 오피스빌딩시장은 과열 경쟁을 겪고 있는 실정이다.

리츠는 도입 당시 부동산시장을 선진화하고 국민들의 간접투자시장을 열어갈 총애로 환영받았다. 시간이 지나면서 여러 부작용을 양산했다. 2010년대 초반 시행사 성격의 일부 자기

개발리츠가 상장한 뒤 곧바로 상장폐지 절차를 밟아 투자자들의 공분을 샀다. 리츠와 부동산펀드가 오피스빌딩을 주고받으며 기관투자자들의 배만 불리고 건물값만 턱없이 올려놓는다는 비판이 제기됐다.

그간의 성장통을 뒤로 하고 앞으로 제2 도약을 열어갈 기회다. 이에 양적 성장만 매달리지 말고 질적인 성장도 동시에 이뤄야 한다. 그간의 상품을 뛰어넘는 창의적인 아이디어 상품이 많이 나와야 한다. 또 국내 시장을 넘어 해외로 나가야 한다는 것도 전문가들이 내놓는 공통된 제안이다. 기관 투자자들을 위한 그들만의 리그가 된 것도 개선해야 할 과제다. 리츠의 원래 취지에 맞게 일반인 투자가 가능한 안정적인 공모 상품으로 되돌려놔야 한다. 정부 역시 제도적 뒷받침에 발벗고 나설 때 리츠 대중화시대가 현실이 될 날도 머지않다.

리츠의 구조

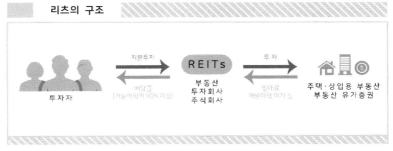

자료 : 한국리츠협회

리츠의 특성

04
이젠
부동산 간접투자다

　국민들의 부동산 투자 패러다임이 변하고 있다. 부동산을 소유하기 보다는 사용하는 쪽으로, 양도 차익을 기대하기 보다는 임대 수익으로, 직접 투자보다는 간접 투자 방식으로 바뀌고 있다는 게 전문가들의 대체적인 시각이다.

　부동산을 직접 취득하는 것은 가격 하락에 따른 손실 위험이 있다. 이에 비해 부동산펀드와 리츠(부동산투자회사)와 같은 간접 투자는 저금리 상황에서 인플레이션 이상의 임대료 수익을 얻을 수 있다. 한국리츠협회에 따르면 2010년대 리츠의 평균 수익률(배당 수익률)은 약 7.4%에 이른다. 같은 기간 신용등급 AA-의 3년 회사채 수익률(3.3%)과 정기 예금 금리(2.7%)에 비해 3배 이상 높은 수익률이다.

부동산 간접투자는 거래비용 감소, 투자상품 다양화, 시장 위험 감소 등의 다양한 이점이 있다. 부동산 간접 투자는 직접 거래에 따른 세금을 피할수 있고, 처분 및 매각 또한 상대적으로 쉽다. 개인투자자가 규모가 큰 대형 오피스빌딩이나 상업시설에 직접 투자하기는 사실상 쉽지 않다. 하지만 간접투자를 하면 상대적으로 적은 비용으로 투자가 가능하다.

부동산 간접투자의 장점 덕에 부동산 간접투자 상품에 투자하는 금액이 지속적으로 늘고 있다. 부동산펀드 순자산은 2009년 말 11조6000억원에서 2010년 말 14조1000억원, 2012년 말 19조9000억원으로 늘어나 2013년 말에는 24조2000억원에 달했다. 리츠 총자산은 지난 2002년 5580억원을 시작으로 2012년 말 9조5000억원, 2013년 10조원을 돌파해 11조7000억원 규모로 성장했다. 그러나 이런 외형적 성장이 무색하게도 국내 간접투자시장은 개인이 아닌 기관투자자 중심으로 운영된다는 한계가 있다. 부동산펀드 설정액 중 사모펀드 비중이 95%를 차지한다. 리츠 역시 개인투자가 참여하는 공모 비율이 10% 미만에 그친다.

이에 비해 일본은 공모형 리츠가 활성화됐다. 노무라종합연구소에 따르면 일본은 2013년 2월 기준 시가 총액 5조7000억엔(63조원)의 리츠시장을 형성하고 있다. 개인투자자는 2011년 3월 기준 전체 투자 건의 약 14%를 보유하고 있으며, 월간 거래금액의 약 16%를 차지한다. 일본 리츠시장이 한국보다 개인투자자 비율이 높은 것은 공모 펀드나 리츠 상품이 많이 출시되는데다, 믿을 수 있는 사업 주체가 좋은 자산을 상품화해 시장에 내놓기 때문이라고 노무라연구소는 설명했다.

국내 간접투자가 사모 중심으로 성장한 데는 이유가 있다. 공모에 따른 비용이 큰 데 비해 세제혜택 차이가 없기 때문이다. 또한 기관투자자로부터 자금을 모으면 대규모 자금을 모집할 수 있고, 운영도중에 의사결정을 신속히 할 수 있다는 장점이 있다. 여기에다 지난 2010년 상장된 다산자기관리리츠가 각종 비리로 코스피 역사상 최단 시일에 상장폐지되면서 개인 투자자들의 신뢰를 잃은 경험이 있다. 다산리츠 사태 이후 리츠 영업인가와 상장 심사가 까다로워졌고 투자기회가 그만큼 줄었다.

전문가들은 국내 간접투자시장이 한단계 도약하려면 투자자 신뢰와 더불어 공모시장이 활성화돼야 한다고 입을 모은다. 다행인 것은 대형 리츠들이 속속 상장의 물꼬를 트고 있다는 점이다.

리츠의 공모 활성화를 위해서는 업계 뿐 아니라 정부의 규제 완화도 절실하다. 정부는 공모 비용을 줄이도록 제도와 절차를 개선하는 한편 공모에 사모에 비해 세제혜택을 주는 방안을 고민해봐야 한다. 공모 시장 활성화만이 저금리시대 마땅한 투자처를 찾지 못하는 개인에게 수익 창출의 기회를 주고, 침체에 빠진 부동산업계에 새로운 자금유입의 촉진을 기대할 수 있다.

05

개인도 부동산펀드 투자 활성화해야

'5년 투자해 두 배 수익을 돌려주는 공모펀드가 있다?' 요즘같은 초저금리 시대에 이런 말을 듣는다면 귀를 의심할 것이다. 실제로 이런 펀드가 존재했다. 하나은행이 지난 2010년 판매해 지난해 말 청산한 '하나다올랜드칩 부동산펀드(1580억원)'의 5년 누적 수익률은 93.7%에 달했다. 이 펀드는 여의도 하나금융투자빌딩을 소유했는데, 임대에 따른 배당으로 연 7.4%를 투자자에게 쥐어줬다. 또 작년 말 코람코자산신탁에 빌딩을 매각하면서 977억원의 차익을 실현했다. 펀드 설립때 부터 워낙 인기가 좋다보니 하나은행은 장기 우량 고객에만 가입 기회를 줬다는 후문이다.

아쉽게도 대박을 낸 부동산 공모펀드 얘기는 많지 않다. 자산운용사들이 공모 부동산 펀드보다는 개인들에는 수익 변동성이 큰 증권형 펀드만 판매하고 있다. 안정적이면서 높은 수익률을 내는 부동산·인프라펀드는 기관투자자 및 큰손들의 전유물이 됐다. 물론 대규모 자금을 신속히 굴리는 기관투자자가 다수의 개인에 비해 실물자산을 운용하는데 적합하다. 투자 자산을 먼저 확보해 계약하고 자금을 모집하는 방식이 일반적이어서 공모로 자금을 모집하면 모집 미달이나 지연되는 리스크가 있다는게 자산운용사들의 설명이다. 공모로 자금을 모집해놓고 실물 자산을 확보하지 못하면 이 또한 '아이들 머니(idle money)'우려가 생긴다.

그렇다고 기관들만 고수익 알짜배기 펀드의 혜택을 누리는 건 지나친 특혜다. 미국 호주 일본 등 선진국들이 리츠(부동산투자회사)를 활성화해 개인들의 실물 간접투자를 넓혀준 것과는 극명한 대조를 이룬다. 다행히 금융위원회가 지난 2016년 5월 개인들의 부동산 및 실물자산 투자 문턱을 낮춘 '펀드 혁신방안'을 내놨다. 사모펀드에 재간접형태로 투자하는 공모펀드를 조성하는 방법으로 개인 투자의 어려움을 해소하겠다는 것이다. 또 동일 펀드 내 기관과 개인의 손익 분배 차등을 둬 기관과 개인의 공동 투자도 활성화하기로 했다. 사모펀드 만기시 공모펀드로 전환이될 수 있도록 관련 규제를 개선한다.

부동산과 인프라와 같은 실물자산에 간접 투자하는 길이 처음 열린 것은 지난 2000년 리츠가 도입된 이후다. 15년동안 수많은 인프라와 부동산에 간접 투자되면서 국내 대체투자시장이 성숙 단계에 진입했다. 그러나 기관과 사모펀드 중심의 기형적 성장을 이뤘다.

금융위가 부동산 실물자산 등 간접 투자에 관심을 갖고 개인의 접근성을 높인 것은 국민들이 고마워해야할 일이다. 그러나 제도만 만들어 놓고 활용하지 않으면 아무 소용이 없다. 기관투자자와 거액자산가들은 개인들과 나누자고 하면 속이 불편할 것이다. 자금이 풍부한 반면 마땅한 투자처는 점점 줄고 있어서다. 하지만 '그들만의 특혜'를 내려놓고 개인투자자와 자산을 공유한다면 우리 부동산·인프라 간접투자시장은 한층 성장할 것이다.

리츠의 배당 수익률

(단위: %)

연도	2012	2013	2014	2015	2016	2017
배당 수익률	5.13	6.06	5.65	7.62	10.55	7.59

* 자료: 부동산투자회사 정보시스템

06
간접투자로
건물주 되는 법

개인이 빌딩을 매입하는 것은 쉽지 않다. 대출 받기도 건물 관리도 까다롭다. 그런데 소액으로도 건물주가 될 수 있는 방법이 있다. 리츠(부동산투자회사) 주식 매입을 통해서다.

지난 2018년 6월 말 상장한 이리츠코크렙은 뉴코아 야탑점 일산점 평촌점을 운영하고 있다. 지분을 사면 리테일 건물주가 돼 고정 임대수익을 얻는다. 이리츠코크렙은 연 2차례, 총 7% 내외의 배당을 제시했다. 2018년 8월 초 상장한 신한알파리츠는 판교 알파돔IV빌딩을 보유하고 있다. 이 역시 리츠 주주가 되면 판교 초대형 오피스빌딩의 주인이 돼 10년간 연

7% 배당을 받는다.

리츠가 높은 배당의 안정적인 상품임에도 일반 투자자에게는 아직 낯설다. 2017년 말 기준 리츠 자산규모는 35조원에 이르지만 이 중 99%가 사모로 운영된다. 상장 리츠는 5개에 그쳐 리츠 대부분이 기관투자자의 전유물이 됐다.

사모시장으로 성장한 데는 이유가 있다. 리츠가 기관투자자로부터 자금을 모으면 대규모 자금을 모집할 수 있고, 운영도 중 의사결정을 신속히 할 수 있다는 장점이 있다. 그 동안 상장 리츠가 '1리츠, 1부동산'의 중소 규모여서 배당수익률이 안정적이지 못한 점도 공모가 활성화되지 않은 이유다. 거래량이 많지 않은 점, 리츠의 실제 수익률이 나올까에 대한 시장의 의구심 등도 일반인들이 투자에 주저한 이유다. 여기에다 경영진의 횡령·배임과 주가조작으로 일부 개발리츠가 상장폐지되면서 신뢰도가 낮아진 점도 공모 성장을 방해했다.

그런데 최근 꺼져가던 공모 리츠의 불씨가 되살아나고 있다. 부동산 규제에 따라 개인의 간접 투자 관심이 늘고 정부가 활성화 대책을 펴고 있어서다. 이리츠코크렙, 신한알파리츠에 이어 조만간 MBK파트너스가 홈플러스 매장 40여개를 자산으로 둔 리츠를 상장한다.

정부는 꾸준히 리츠 활성화대책을 내놓고 있다. 정부는 지난해 6월 금융지주사가 리츠 자산관리회사(AMC)를 자회사로 편입할 수 있도록 했고, 지난 5월에는 퇴직연금의 투자 대상에 상장 리츠를 포함했다. 일반기업의 주식보다 안정적이며 예금 이자 대비 2~3배 수익을 거두는 리츠는 매력적인 투자처임이 분명하다. 지속적이고 안정적인 수입을 원하는 베이비부머 은퇴세대에게 맞는 상품이다. 금리상승기에 빚을 내 오피스텔 같은 수익형 부동산을 직접 투자하는 것은 다소 위험하다.

정부도 리츠 물꼬를 터줌으로써 긍정적 효과를 기대한다. 고급 부동산 수익을 일반 국민이 공유하고 개인의 부동산 직접투자 수요를 리츠로 유도해 가계부채 문제를 해결할 수 있어서다. 리츠가 활성화되면 부동산의 유동화와 개발이 쉬워져 부동산업계의 성장도 예상된다. 앞으로 리츠 상장이 줄이을 전망이다. 성공의 열쇠는 개인투자자의 마음을 살 수 있느냐에 달려 있다. 비결은 다른게 없다. 믿을 수 있는 사업 주체가 좋은 부동산 자산을 상품화해 시장에 내놓는 것이다.

이리츠코크렙 투자구조

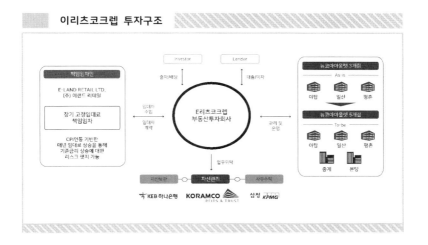

07

시험대 오른
'해외부동산 공모펀드'

미래에셋자산운용이 지난 2016년 3000억원 규모로 모집한 '미래에셋맵스 미국부동산펀드'가 영업개시 열흘만에 판매 소진됐다. 해외 부동산펀드 공모도 오랜만이어서 운용업계는 희소식으로 받아들였다. 이 펀드는 미국 텍사스주 댈러스 소재 프라임 오피스빌딩 4개동에 투자하는 펀드다. 영업 초기에 판매 실적이 다소 저조해 미래에셋그룹이 전체 모집액 중 500억원을 인수하기로 했지만, 전체 투자금 모집이 무사히 완료됐다.

해외부동산 공모 펀드의 출시 재개는 적지않은 메시지를

준다. 우선 글로벌 금융위기 이후 부동산펀드 공모 트라우마
에서 벗어났음을 의미한다. 지난 2000년대 중반 이후 왕성히
설립되던 해외부동산 공모펀드와 리츠는 2008년 금융위기를
거치면서 30~40%의 손실을 냈다. 이 때문에 시장이 얼어붙
었고 관련 펀드는 명맥이 끊기다시피했다. 해외 부동산 공모
펀드 출시는 또한 투자 주체가 기관투자자에서 개인투자자로
이동하는 변곡점이다. 금융당국이 부동산 공모 펀드의 활성화
를 꾀하고 있는 가운데 국내 부동산 공모 펀드 설정은 더딘
편이다 부동산펀드의 주요 투자대상인 국내 오피스시장이 공
급과잉을 겪고 있어서다. 미래에셋의 펀드 완판을 계기로 국
내를 넘어 해외 오피스빌딩에 대한 개인들의 투자 수요를 확
인했다.

개인들이 저금리시대를 맞아 부동산펀드를 통한 재산 불리
기도 본격화될 것으로 예상된다. 자산운용사들이 개인 투자
수요에 맞는 우량 해외부동산 설계에 나선 만큼 관련 상품이
봇물을 이룰 전망이다. 주의할 것은 부동산펀드도 주식형펀드
처럼 위험이 따르는 투자상품이라는 점이다. 해외 부동산 인
수 후 임차 기간에는 임대료를 꼬박꼬박 받아 펀드 투자자에

게 배당금(분배금)을 줄 수 있다.

미래에셋이 내놓은 미국 부동산펀드의 경우 현지 최대 손해보험사가 20년 장기 임차 계약을 맺은 덕에 임대료 연체 가능성의 거의 없다. 또 매년 2%씩 임대료를 인상하기로 해 안정적인 현금흐름 창출이 가능하다. 그러나 7년 6개월의 펀드 만기가 지나면 투자 원금의 변화가 생길 수 있다. 다른 투자자에 건물을 팔아야 하는데 안 팔리면 펀드 청산(환금성)이 쉽지 않다. 또 건물 값의 120%로 팔렸다면 20% 이익이지만 반대로 80%에 팔리면 20% 손해가 발생한다. 그때 가서 원금 손해가 없을 줄 알고 가입했다고 따져봐야 소용없다.

박현주 회장이 이끄는 미래에셋 금융그룹은 각종 신시장을 개척해 '자본시장의 프론티어'로 통한다. 부동산공모펀드시장에서도 선두주자로서 맹활약이 기대된다. 자산운용사들이 이름에 걸맞게 우량 부동산을 발굴해 책임있는 운용에 나서고, 또 개인들은 리스크를 잘 살펴 똑똑한 투자를 한다면 해외부동산시장에서도 '한류바람'이 거세질 것이다.

08

부동산 새 수익원 고민하는 은행

　부동산시장이 한풀 꺾일 조짐을 보이자 건설사 뿐 아니라 은행들의 시름도 깊어지고 있다. 정부의 고강도 대책에다 대출 규제 여파로 주택담보대출(주담대)과 부동산 프로젝트파이낸싱(PF)대출이 예전만큼의 수익이나 성장성을 보장하지 않아서다. 가계 빚이 1400조원에 육박하는데다 분양시장 분위기가 움추러들 기세여서 은행들이 주담대를 공격적으로 늘려가기 쉽지 않다. 금융당국도 가계대출과 부동산에 쏠린 은행들의 자금흐름을 중소기업 등 생산적 부문으로 유도하고 있다. 은행들의 부동산PF는 대출 심사 강화 탓에 갈수록 쪼그라들고 있다. 지난 2015년 말 주요 6개 은행의 PF잔액은 13

조9000억원이다. 이는 지난 2010년 말(32조원)에 비해 절반 이상 감소한 것이다.

주담대와 부동산PF시장의 환경이 어렵지만 그렇다고 부동산 분야를 포기할 수 없다는데 은행들의 고민이 있다. 인력과 자금 운용면에서 부동산을 대체할만한 시장이 없기 때문이다. 은행의 영업 시스템이나 대출 관련 인력 상당수가 부동산에 집중돼 있다. 저금리 탓에 부동산상품에 대한 기관투자자들의 자금공급이 꾸준히 이뤄지고 있다. 부동산에 대한 개인자산가의 투자선호 현상도 지속되고 있다.

이에 시중은행들은 부동산 내에서 기존의 주담대나 PF를 이을 새로운 대안상품을 모색하고 있다. 예를 들어 은행들은 국내외 부동산의 간접투자시장과 투자자문시장 성장에 주목하고 있다. 이에 국내외 부동산을 펀드나 리츠로 개발하거나 매입해 운용하고 관리하는 형태로 나아가고 있다. 기관과 개인 자금을 유치하고 일부 자기자본(PI)를 보태 펀드(또는 리츠)로 굴린 뒤 수익과 관리수수료를 받는 비즈니스다. 이는 부동산 투자자문업을 통해 비이자 수익을 올리는 해외 은행들의 수익확대 전략과 맥을 같이한다.

지난 2017년 8·2대책 영향으로 다주택 자산가들도 주택을 직접 보유하기 보다 간접 투자로 돌아서는 분위기라고 한다. 핵심자산만 남겨둔 채 나머지를 팔아 대체투자펀드 등에 투자할 움직임을 보이고 있다고 강남 PB(프라이빗 뱅커)들은 전한다. 이런 부동산시장 변화에 맞춰 새로운 수익모델 발굴에 앞장선 건 하나금융이다. 하나금융은 지난 2017년 초 국토부와 뉴스테이(기업형임대주택) 관련 업무협약(MOU)를 체결했다. 지점을 활용한 뉴스테이에 직접 투자하고, 주택임대관리업 진출 등 새로운 수익모델을 창출하기 위해서다. 신한금융은 리츠운용사 대표에 비은행 출신인 신한금융투자 남궁훈 본부장을 선임했다.

운용자산이 200조원에 달하는 농협금융 역시 부동산 관련 신수익 확대에 공을 들이고 있다. 인수금융론 펀드(2015년), 부동산펀드(2016년)에 이어 범농협 차원의 해외 프로젝트파이낸싱(PF)·에너지·인프라 펀드로 영역을 확대해 가고 있다.

부동산시장의 환경 변화는 건설사는 물론 은행에도 위기이
자 기회가 되고 있다. 부동산시장이 침체될 때도 여러 개발과
운용 수요는 있다. 이럴 때일수록 주택과 상업용부동산 인프
라를 포함해 종합적으로 사업기획을 할 수 있는 능력이 중요
하다. 건설사이건 은행이건 새로운 소비자 수요에 맞는 상품
구조화 역량을 확보한 기업이 향후 부동산시장을 이끌어갈
것이다.

09

'디벨로퍼-금융권'
新밀월시대

신한은행 투자금융(IB)본부는 정기적으로 '부동산 디벨로퍼 (시행사)' 대표를 초대해 'SS(신한 수페리어)클럽'을 연다. 교양 강좌를 들은 뒤 저녁식사를 곁들이며 정보를 교환하고 친목을 다지는 모임이다. 신한은행 IB본부 관계자는 "최근 개발시장을 시행사가 이끌고 있다"며 "부동산금융 관련 대출 목표를 달성하려면 우량 시행사와 관계를 돈독히 맺어야 한다"고 말했다.

개발시장의 '헤게모니'가 시공사에서 시행사로 이동하면서 시행사와 금융권의 새로운 협력시대가 열리고 있다. 시공사들이 더 이상 지급보증이나 채무인수를 하지 않고 공사 완공 역할에 충실하고 있다. 때문에 사업 기획부터 토지 확보, 분양, 자금 회수까지 시행사들의 손에서 이뤄지고 있다. 시행사들이 전면에 나선 데는 '엠디엠(MDM)'이나 'SK D&D'와 같은 대형 디벨로퍼가 역량을 발휘한 점도 주효했다. MDM은 위례나 마곡지구 중 분양성이 높은 택지를 확보하고 창의적 아이디어로 분양몰이를 하고 있다. 최근에는 시행사들이 시공사를 선정할 때 경쟁 입찰을 붙이는 사례도 적지않다. 그만큼 시행사들의 파워가 세진 것이다.

이런 환경 변화 속에 시행사와 금융권의 밀월이 시작됐다. 시행사들은 안정적인 자금 조달구조를 확보해야 사업을 진행할 수 있으므로 금융권과의 협력이 중요하다. 금융권도 능력 있는 시행사와 거래를 터야 부동산금융 시장에서 발을 넓힐 수 있다. 시행사와 금융권의 협력은 사업초기부터 진행된다. 시행사가 토지를 사들일 때 증권사들은 토지 계약금을 대주며 리스크를 분담하고 공동 투자하는 사례가 늘고 있다. '본 PF' 조달 때는 증권사들이 금융을 주관하고 은행들이 선순위 대출에 참여하고 있다. 은행들도 시행사의 금융 컨설팅 창구

역할을 해준다. 신한은행은 주요 시행사들과 1년 치 딜을 사전에 협의하며, 경우에 따라선 계열 증권사나 캐티탈사를 소개해주기도 한다.

시행사와 금융권간 유대가 전에 비해 강화됐지만 시행사들은 여전히 금융지원에 목마르다. 은행들 역시 '글로벌 금융위기'의 트라우마에서 벗어나지 못하면서 부동산PF에 아직은 보수적이다. 은행 영업부서에서 적극적으로 대출을 해주고 싶어도 리스크를 관리하는 여신 심사부서를 통과하기 싫지 않다. 흔히 디벨로퍼들은 부동산시장에서 새로움을 창조하는 '알라딘 램프'에 비유된다. 우리나라도 이젠 일본 미쓰비시부동산처럼 글로벌부동산기업이 나올 때가 됐다. 이를 위해선 시행사들의 창의적인 개발사업 구조에 맞게 금융권은 다양한 금융상품으로 대응해야 한다.

10

디벨로퍼,
금융사와 개발이익 나누다

　부동산 디벨로퍼(시행사)가 종잣돈 1억원으로 수십억원을 버는 시절이 있었다. 지난 2000년대 누린 부동산 호황기 때다. 계약금만 있으면 대출에 대출을 받아 토지 확보의 깃발을 꽂고, 분양을 거쳐 큰 돈을 만졌다. 이에 개인은 물론 제조업에 속한 기업들도 시행업에 앞다퉈 진출했다.

　요즘은 100% 분양에 성공해도 그간의 투자비에 마진을 겨우 얻을 정도라고 한다. 분양가 거품이 빠진 것도 있지만 금융사들의 몫이 커졌기 때문이다. 증권사와 부동산신탁사가 다양한 신용 보강과 금융서비스를 제공하면서 사업 안전성이 높아졌다. 그만큼 시행사들은 자신들의 이윤을 떼어줘야 한다. 금융사들의 몫은 크게 대출 이자와 수수료로 구성된다.

최근에는 '리스크 헤지'비용으로 수수료율이 높아지는 추세다. 시공사의 신용 보강 대신 '매입확약'·'미분양 담보확약'과 같이 금융사들이 각종 신용보강을 늘리고 있다.

부동산 신탁사들의 역할도 전례없이 확대되고 있다. 신탁사들은 담보신탁과 같은 전통적인 신탁보수 뿐 아니라 분양대금 수납관리나 공사비 지급 등 시행사들의 자산관리업무까지 대행해주면서 부수적 수익을 극대화하고 있다. 부동산 개발금융에 뛰어든 증권사들도 호황기를 맞고 있다. 디벨로퍼와 금융의 융합 흐름을 잘 꿰뚫어 본 이는 문주현 엠디엠(MDM)그룹 회장이다. 국내 대표 디벨로퍼 1세대 문 회장은 부동산 개발(엠디엠·엠디엠플러스), 신탁(한국자산신탁), 금융(한국자산캐피탈)뿐 아니라 자산운용 분야 자회사까지 만들면서 국내에서 처음으로 부동산 금융·개발 모든 분야를 계열화했다.

이제 이런 융합 트렌드를 되돌릴 수 없다. 디벨로퍼와 금융사가 손잡으면 장점이 적지 않다. 물론 금융사와의 이익 공유로 시행사 이익은 줄어들지만 그만큼 사업 안전장치가 강화된다. 금융을 가진 디벨로퍼가 사업 우위에 서면서 시공 단가를 크게 낮출 수도 있다.

상황이 바뀌었는데 개발사업을 사행사업이나 고위험으로 보는 사회적 인식은 여전하다. 정부 역시 그렇다. 금융당국은 개발사업 투자에 대한 위험 가중치를 높게 두고 있으며 국토교통부는 개발업자에 대한 육성보다는 규제 중심으로 관리하고 있다. 일부 금융사 또한 이런 시각에 편승해 이익에 비해 책임을 적게 지려한다. 일시적 자금난에 처한 시행사만 골라 높은 신용보강 수수료를 챙기는 금융사도 있다.

국내 개발산업은 조용하지만 힘찬 전진을 하고 있다. 양대 바퀴는 디벨로퍼와 금융사다. 두 바퀴가 어떻게 공동 보조를 맞추느냐에 따라 우리 부동산개발산업의 미래가 달렸다.

엠디엠그룹 개요

창 립	1998년 10월
회 장	문주현
계열사	엠디엠(1998)
	엠디엠플러스(2005)
	한국자산신탁(2001)
	한국자산캐피탈(2012)
	한국자산에셋운용(2001)
	문주장학재단(2001)

11

전성기 맞은 디벨로퍼, 독자산업으로 육성해야

지난 2017년 준공된 서울 용산 '한남 아이파크'는 '한강변에는 중대형아파트'라는 기존 통념을 깨고 분양에 성공했다. 한강을 조망하는 입지여서 전례대로라면 중대형 주상복합이 자리잡았어야 했다. 그러나 시행사인 만강건설은 앞으로 고급 1~2인가구에 대한 수요가 커질 것으로 보고 중소 규모의 도시형 생활주택을 내놔 높은 인기 속에 청약을 마감했다.

광교 호수공원 앞에서 분양한 주상복합 '광교 더 샵 레이크 파크'는 주부나 1~2인가구의 고민이 '끼니 해결'이라는 것에 착안해 '밥 주는 주거공간'으로 특화해 분양에 성공했다. 식사

준비로 지친 주부들의 니즈를 고려해 시행사 엠디엠(MDM)은 이 건물 클럽라운지에서는 365일, 원가개념으로 식사 서비스를 즐길 수 있도록 했다. MDM의 기획한 위례신도시 복합상가 중앙타워는 엘리베이터를 1층에서 3층까지 바로 연결해 특화했다. 직통 엘리베이터 하나만으로 3층 상가는 소비자 접근성이 떨어져 인기가 없다는 단점을 뒤엎은 것이다.

디벨로퍼들이 창의적 아이디어를 앞세워 재평가받고 있다. 몇년 전만 해도 디벨로퍼·시행사에 대한 부정적 인식이 주류를 이뤘다. 한탕주의라는 꼬리표가 붙고, 주택 시황에 따라 사업 부침이 심해 금융권 대출받기가 어려웠다. 그러나 디벨로퍼업이 대형화, 투명화되면서 주택시장과 주식시장에서 신뢰를 쌓아가고 있다. 대형 디벨로퍼인 SK D&D가 상장되면서 증시에서 디벨로퍼의 투자가치가 부각되고 있다. 흔히 디벨로퍼는 '마에스트로'이자 '코디네이터'로 비유된다. 디벨로퍼는 땅 매입부터 기획 설계 금융 건설 마케팅 사후관리까지 사업의 시작과 끝은 모두 책임지기 때문이다. 어디 땅을 사야 할지, 또 설계는 어떻게 할지, 시공사는 누구를 선정할지, 금융 구조화는 어떻게 할 지 모든 게 아이디어의 소산물이다.

그렇다면 디벨로퍼의 앞날은 밝을 것인가. 문주현 부동산개발협회장(MDM 회장)은 "금융 자본력을 갖춘 선진화된 디벨로퍼가 부동산시장을 이끌어갈 것"이라고 확신한다. 주택이 부족한 시대, 고도 성장기에는 주택을 대량 공급하는 시공사들이 힘을 발휘했으나 주택보급률이 100%를 넘고 기반시설이 포화된 시대에는 소비자의 개별 라이프스타일에 맞추는 디벨로퍼들의 아이디어가 중요하다는 것이다. 도면대로 짓는 시공사들은 원가 절감 이익을 기대하지만 디벨로퍼는 창조적 아이디어로 무한정의 부가가치를 창출할 수 있다. 물론 시장에서 아이디어 가치를 인정받지 못하면 손실을 볼 수 있는 리스크가 있다. 그러나 문 회장을 비롯해 정춘보 신영 회장, 김승배 피데스개발 대표 등 디벨로퍼 1세대들이 축적된 개발 경험을 바탕으로 신뢰할 수 있는 아이디어를 실현해가고 있다.

정부 당국도 이제 그간의 부정적 인식에서 비롯된 규제 일변도에서 벗어나 정책적 지원 대상으로 인식을 전환할 때가 됐다.부동산 개발사업은 금융, 상업, 문화 등 다양한 산업에서 중추적인 역할을 담당하는 만큼, 부동산 경기 활성화와 내수 경기 부양을 위해서도 정부는 디벨로퍼의 대형화와 전문화를 이룰 수 있게 정책적 지원을 아끼지 말아야 한다. 정부가 디벨로퍼를 독자적인 산업으로 보고 육성하면 해외에 도시를 공급하는 수출산업의 주역으로 거듭나지 못할 이유가 없을 것이다.

12

해외로 눈돌리는 디벨로퍼

'부동산 디벨로퍼(개발업체)'들이 해외로 눈돌리며 새로운 도전을 시도하고 있다. 국내 부동산 개발 환경이 불투명하고 경쟁도 심화되자 새로운 수익원을 찾아 나선 것이다. 디벨로퍼를 대표하는 문주현 엠디엠(MDM)그룹 회장은 계열사 엠디엠플러스에 해외파트를 신설하고 미국계 게일인터내셔널 출신 인사들을 영입했다. 엠디엠은 미국 뉴욕 맨해튼 개발사업 등 선진국 대도시 사업들을 들여다보고 있다고 한다. 김수경 글로스타 회장은 신흥시장인 베트남시장에 도전장을 내밀었다. 김 회장은 베트남 '후에시'와 토지 인수계약을 체결하고 베트남식 기업형 민간임대주택 사업을 펼칠 계획이다. 글로스타는 도심정비사업 중 최대 규모인 을지로 '센터원' 개발 사업을 일군 기업이다.

디벨로퍼들이 해외 사업으로 다각화하는 것은 가계부채 문제 등으로 국내 부동산시장이 한계에 달했다는 판단에서다. 중도금과 프로젝트파이낸싱(PF) 대출 길이 막히는 등 주택개발시장은 갈수록 악화되고 있다. 앞으로 도시재생을 제외하고 대규모 개발사업을 기대하긴 힘들다.

그렇다고 해외부동산 PF사업이 호락호락한 것은 아니다. 신영은 지난 2006년 미주시장에 진출했다가 철수했고 심영섭 전 우림건설 회장은 카자흐스탄에서 애플타운 개발사업에 뛰어들었으나 성과를 내지 못했다. 해외 개발사업의 부실화가 잦은 것은 정보 부족에다 예기치 못한 국가위험, 사업성위험 등이 도사리고 있어서다. 이 때문에 국내 시중은행들도 금융위기 이후 수년간 해외 부동산PF 취급을 하지 않았다. 디벨로퍼들이 지속 성장을 위해 국내를 벗어나는 것이 필수 불가결한 수순이다. 그러나 디벨로퍼만 잘해서는 해외 개발사업이 성공하기 쉽지 않다.

정부의 관심과 금융권의 패키지식 지원이 뒤따라야 리스크가 낮아진다. 마침 성장 한계에 부딪친 금융권도 해외 부동산 시장으로 눈돌리고 있다. 베트남과 인도네시아에서 넓은 지점망을 갖춘 신한은행은 브랜드 인지도를 발판 삼아 해외 시장 공략에 나섰다. 다만 현지의 딜 경험이 부족해 신중한 모습이다. 이럴 때 국내 디벨로퍼들과 동반 진출하면 리스크를 줄일 수 있다. 다만 기업과 금융을 연결해 줄 금융당국이 해외 부동산PF에 인색한 점이 걸림돌이다. 과거 해외 부실 PF 트라우마에서 벗어나지 못한 채 적극적인 금융 지원에 주저한다. 이는 정부가 해외 인프라PF시장 진출을 독려하는 것과는 대조적이다. 도로 철도 발전 등 해외 인프라사업에는 정부가 수주지원단을 파견하고 팀코리아(Team Korea) 개념을 도입하는 등 적극적이다. 글로벌인프라펀드를 비롯해 글로벌인프라벤처펀드, 코리아해외인프라펀드 등 민관 공동 펀드도 내놓았다.

해외 인프라사업과 부동산사업은 위험도 면이나 외화 가득 면이나 비슷한데 부동산PF만 냉대하는 것은 지나친 차별이다. 디벨로퍼들은 오히려 부동산이 국가 이미지를 높이고 한류문화를 잘 전파한다고 말한다. 한국적 공간 가치를 창출해

제공하기 때문이다. 차기 정부에서는 해외 부동산 개발사업에
도 디벨로퍼와 시공사, 금융사를 아우르는 패키지식 지원책과
팀코리아 정책이 나와야 한다.

편병철 국토개발 회장이 말하는
진정한 디벨로퍼가 되려면

도움말 : 편병철 국토개발 회장

(1) 디벨로퍼 리더는 외롭고 고독한 직업이다.

디벨로퍼는 외롭고 고독한 길입니다. 혼자였을때 자신을 컨트롤할줄 알아야 새로운 아이디어 창출과 더불어 신세계를 열수 있습니다. 디벨로퍼 리더는 외롭습니다. 리더는 그 외로움과 고독함을 즐길줄 알아야 합니다. 리더의 책임은 무한 책임입니다. 리더는 변명을 하지 않고 결과로 말해야 합니다. 리더는 숫자로 말해야 합니다. 리더는 가슴이 따뜻하고 머리는 차가워야 합니다.

(2) 결정이 빨라야 한다

모는 사업은 하려면 시원하게 해야지 성공합니다. 잣대로 가늠하고 기회를 기다리다가는 누군가가 이미 가져가고 우리에게 영원히 기회는 없습니다. 결론은 수많은 정보와 지식을 나의 것으로 만들어 땅을 보고 큰 그림을 그릴 줄 알고 세상의 미래를 멀리 내다보는 혜안이 있어야 합니다. 인내와 끈기, 포기할 줄 모르는 열정이 있어야 합니다. 그러기 위해서는 '항상 머리는 차갑게' '가슴은 따뜻하게'해야 합니다.

(3) 눈치가 빨라야 한다

장군 즉 지휘관 및 지도자의 덕목은 전쟁터의 판세를 읽을 줄 알아야 합니다. 아군의 힘과 적군의 힘 그리고 싸움의 이유 등등 디벨로퍼도 전쟁터의 장수(장군)입니다. 클라이언트(고객)가 원하는 것, 경쟁사들의 비책을 분석하고 경제의 흐름과 지역의 분석, 타깃 마케팅 등등 처음과 끝의 판세를 읽을 줄 알아야 합니다. 그래야 수천억원이 투자되는 프로젝트에 최소 비용으로 최고의 가치를 만들어 갑니다. 토지법, 건축법, 주택법은 기본이고 운전자가 운전할 때 백미러가 스치면 내 몸도 움츠러들 듯이 땅을 보면서 땅과 교감을 느낄 줄 알아야 합니다. 그러기 위해서는 수없는 노력과 고통을 수반하는 시간도 필요하고 포기하지 않는 끈기가 있어야 합니다. 그리고 꿈이 있어야 합니다.

(4) 냉정해야 한다

나로 인하여 누군가가 힘들어 할 때 피눈물이 나옵니다. 전쟁에서 동료가 총상을 입을 때 적군이 뒤에서 쫓아오고 있습니다. 만약, 이럴 때 본인이 소대원 20명의 리더라면 어찌 하겠습니까? 1명의 생명을 살리기 위해 조직 19명을 희생 시키면서 국민의 생명을 지키는 과업을 버리시겠습니까? 이렇듯 디벨로퍼는 단 1명의 생명도 소중하지만 수많은 개발 관계자와 지역을 대표하는 사업을 택할수 밖에 없는 냉혈인이 되어야 합니다. 그래서 디벨로퍼 인생은 앞에서 냉혈인이지만 뒤에서 혼자 울어야 하는 길입니다.

(5) 따뜻한 마음을 가져야

디벨로퍼는 따뜻한 마음이 있어야 합니다. 수백억에서 수천억원의 프로젝트를 진행하는 선장 디벨로퍼로서 스스로와 항상 싸우고 경쟁합니다. 작은 실수로 수십억원이 왔다갔다 하는 일들이 하루에도 여러 차례 있기에 갈등이 많습니다. 특히 디벨로퍼서의 양심과 싸우는 일이 제일 힘듭니다. 여기저기서 오는 유혹에 대해 거절해야 합니다. 디벨로퍼는 스스로와 매일 싸우고 있습니다. 지도자는 늘 외롭습니다. 오너는 늘 괴

롭습니다. 그래도 웃어야 하고 냉정해야 합니다. 유혹과 나태함과 타협하지 않고 이겨내야 합니다. 디벨로퍼는 천 원짜리 한 장이 있어도 밥도 사고 술도 살줄 알아야 합니다. 디벨로퍼는 일단 성공해야 합니다. 나누어 상생하는 삶을 보여 주어야 합니다. 그래야 그간 빚었던 오해가 진실이 됩니다. 실패하면 그림일 뿐입니다. 디벨로퍼 화살은 늘 단 한발뿐입니다. 그래서 더 애착을 갖고 온몸을 던져서 준비합니다.

(6) 아이디어 싸움이다

말 잘하고 그림으로 포장하면서 마케팅 하는 시대는 지났습니다. 디벨로퍼는 돈이 아닌 아이디어 싸움입니다. 또한, 디벨로퍼든 또 다른 분야든 눈물겨운 노력과 연구가 있어야 치킨게임같은 경쟁에서 살아남을 수 있습니다.

(7) 디벨로퍼는 개척자다

디벨로퍼는 일을 저지르고 미지의 세계를 개척하면서 무슨 일이든 도전해 스스로 기회를 만들려고 노력해야 합니다. 그 과정에서 일어나는 실패와 실수들로 인해 주변사람들로부터 일만 이곳저곳 저지르고 실속 없는 사람이라고 항상 손가락

질(?) 받을지라도 개척자의 역할을 해야 합니다. 똑같은 경우의 수가 나왔을 때는 실수나 실패를 하지 않기 위해 수많은 경험을 하는 것이고 이런 쓰라린 경험들이 하나의 과정이요 업무의 하나입니다. 보석을 찾으러 다니는 것이 아니라 돌멩이를 보석으로 다듬어 가는 것이 진정한 디벨로퍼입니다.

(8) 협력업체와 투명하고 의리있게

모든 프로젝트는 100% 혼신의 힘과 영업력이 필요합니다. 그리고 피눈물 나는 시장조사와 수많은 자료를 준비해 고객을 설득하고 또 설득해 최소 10 대 1의 경쟁률을 통과해 프로젝트를 만들어 냅니다. 그 과정에서 디벨로퍼가 모든 업체 결정을 하다 보니 이들에서 업(?)계약이나 뒷돈(?)을 받았을 거라고 오해와 불신이 생깁니다. 디벨로퍼는 욕심을 줄이고 투명하고 의리있게 협력업체를 선정할 줄 알아야 합니다.

(9) 대인관계가 좋아야

흔히 사람들은 디벨로퍼가 수천억원의 돈을 만진다고 오해합니다. 그래서 어디를 가든지 식사값을 내고 쪼잔한 사업가가 아니란 걸 보여줘야 합니다. 디벨로퍼는 항상 혼자만 호위

호식 하는 이기심 많은 사람으로 보이지요. 그래서 주변사람들은 디벨로퍼에 '각서'를 요구합니다. 디벨로퍼는 일이 완성될 때는 투자자의 약속은 잘 지키지만 각서가 없으면 혼자 독식하는 나쁜 사람으로 알고 있습니다. 디벨로퍼는 대인관계에서 잘해도 본전이고 못하면 칼(?) 맞거나 투서(?)로 인해 사업이 망가져 버리기도 합니다.

⑩ 욕심을 버려야 한다

디벨로퍼로서 수익은 순수입의 10%만 생각하고 명예과 관록을 가지는 것입니다. 욕심을 버리는 것 이것이 바로 디벨로퍼 입니다.

⑪ 실패를 두려워해선 안된다

정치인도 사업가도 출마(사업) 해서 떨어(실패)지고 떨어(실패)지면서 경험이 축적하여 큰 정치인(사업)이 되듯이 디벨로퍼도 마찬가지입니다. 부동산개발(시행) 1건 성공하면 2代(대) 먹고 살지만 1건 실패하면 3代(대)가 망합니다, 그만큼 부동산개발은 수많은 경우의 수와 싸우는 힘든 직업입니다. 실패를 두려워해서는 안됩니다.

13

초대형 투자은행(IB),
모험이 있어야 모험자본

금융위원회가 '한국판 골드만삭스'를 육성하겠다며 자본금 4조원(개정 이후 3조원) 이상의 종합금융투자사업자(대형 IB) 제도를 시행한 것은 지난 2013년이다. NH투자증권, 미래에셋대우, 삼성증권, 한국투자증권, KB증권 등 5곳이 초대형 IB로 지정돼 기업에 대한 신용공여(지급보증·직접대출) 업무를 새로 가졌다. 그러나 기업·투자금융 분야에서 IB들의 실적은 미미하다. 5대 증권사의 수익현황을 살펴보면 최근 5년간 기업금융 수익률은 1.1%에 그치고 대부분 기존 영업방식인 증권 매매(70.5%)로 수익을 냈다. 증권사들의 파이낸싱이 뒷받침되지 못하면서 기업들은 대출위주 자금조달 관행을 이어가고 있다. 중소기업 자금조달의 92%가 은행대출에 의존하고, 자본시장 조달 비중은 1%에 불과하다.

대기업도 마찬가지다. 전국경제인연합회에 따르면 2000년 이후 기업공개(IPO)와 유상증자로 기업에 유입된 자금은 배당이나 자사주 매입을 위해 지출된 금액보다 적다. 전경련은 우리 주식시장이 기업의 자금조달 기능보다 기업의 자금을 빨아들이는 '블랙홀'이 된게 아닌지 우려된다고 지적했다. 기업 실물금융 지원과 금융투자업 경쟁력 강화라는 대형 IB 정책 목표 모두 달성하지 못한 것이다. 여기에는 정부의 과잉 규제가 자리잡고 있다. 대형IB에 기업 신용공여를 허용해 놓고 엄격한 규제 빗장을 걸어놔 자율적인 영업 활동이 곤란했다. 겉으로는 모험자본을 육성한다면서 실제 모험을 감수한 자본의 활용을 용납하지 않는 이중적 모습을 보여준 것이다.

경직된 규제와 불합리한 제약을 풀고 사전 예방적 통제 위주의 규제체계를 사후 관리 중심으로 전환해야 한다. 기업들의 파이낸싱 수요는 점차 다양화되고 있다, 그 중에서도 사모펀드나 메자닌과 같은 모험적 자본 성격의 자금 조달 수단에 목마르다. 금융과 밀접한 관계인 부동산산업도 마찬가지다. 시공사와 단기 분양 중심에서 벗어나 디벨로퍼, 관리, 임대 운영 중심으로 패러다임이 바뀌면서 새로운 금융모델을 요구하고 있다. 해외 사례를 보면 모험자본이 시행사와 토지비를 공동 조달하고 수익을 동시에 공유하지만 국내의 경우 모험자본은 단기 브리지론 용도로 제한적으로 활용되고 있다. 보수적인 은행 차입 형태를 벗어나지 못해 기업이나 부동산금융 발전이 더딘 편이다.

이제 초대형 IB가 화답할 차례다. 정부의 규제에 안주하지 않고 기업의 다양한 수요에 맞추는 창의적 자금조달 상품을 개발해야 한다. 위험 자본을 대는 만큼 기업이나 프로젝트에 대한 충분한 위험도 숙지해야 한다.

업계를 뺨치는 전문가적 역량을 높이는 게 필요한 이유다. 증권사들이 본연의 모험자본 정신으로 되돌아가는 것이 실물경제를 살리고, 증권업 경쟁력을 확보하는 길일 것이다.

14

은행
IB부서의 인기

　은행들의 IB(투자은행) 관련 부서가 각광받고 있다. IB부서
는 은행원들이 서로 가고 싶어하는 부서가 됐다고 한다. 모
은행의 투자금융부에 들어가려면 행내 경쟁률이 10대1이 넘
는다고 한다. 명예퇴직 바람 속에서 국민은행 IB본부는 2018
년초 조직을 대거 확충했다. 직원들의 승진도 이어졌다. 지난
2017년 IB 금융주선분야에서 9조2000억원에 이르는 사상
최대 실적을 낸 데 따른 보상이다. 은행들의 해외 핵심거점인
런던법인장에도 IB부서원들이 배출됐다. 2018년 초 인사에서
산업은행 PF본부와 국민은행 IB본부 소속 팀장들이 나란히
각 은행의 런던법인장에 뽑혔다. 백미는 농협은행이다. 2018

년 초 사령탑에 오른 이대훈 농협은행장은 프로젝트금융부장 출신이다.

 IB맨들이 뜨는 데는 여러 이유가 있다. 우선 전문 금융인으로 성장할 수 있는 게 장점이다. 은행 IB란 PF와 구조화금융, 투자금융과 관련한 업무를 말한다. 기업 대출이 기성복이라면 IB는 맞춤정장과 같다. 기업 대출이 기업 신용도와 한도에 맞춰 획일적인 금융을 제공하는데 비해 IB금융은 개별 프로젝트와 딜에 꼭 맞는 금융을 지원해서다. 때문에 IB맨들은 복잡한 금융구조를 접하며 내공을 키운다. 기업대출이 예전만 못한 것도 IB의 인기를 높이는 요소다. 은행의 젖줄이던 대기업들은 요즘 은행 돈을 잘 안쓰고 자본시장에서 자금을 빌린다. 반면 인프라금융과 같은 IB들의 자산은 부실이 거의 없으면서 자금수요가 꾸준하고 순이자마진(NIM)도 높은 편이다. IB맨들의 비즈니스도 늘고 있다. 예를 들어 국내 민자 인프라 운영 자산이 갈수록 쌓이면서 이에 대한 리파이낸싱 등 금융 업무가 많아지고 있다. 또 은행들이 해외 시장을 개척하면서 해외 딜도 늘고 있다, 몇년 새 핀테크(Fintech·금융과 기술의 융합)산업이 뜨면서 은행들이 저마다 핀테크를 공략하고 나섰다. 그러나 핀테크에 의존해서는 은행들이 먹고살 수 없다. IB 관련 금융자문과 주선, 투자 경험을 쌓으며 수수료를 늘려야 한다는 게 금융 전문가들의 공통된 조언이다. 일본 은행이나 유럽계 은행들은 일찌감치 전문지식과 글로벌 네트워크를 앞세워 글로벌 IB시장에 안착했다.

최근 은행들의 IB 부서가 재평가되고 관련 부서가 인기를 얻는 것은 금융계에서 바람직한 현상이다. 그런데 뭔가 씁쓸한 뒷맛이 있다. 리스크를 전가하는 행태는 좀체 개선되지 않기 때문이다. 사업시행자나 기업들에 과도한 담보를 요구하고 또 정부 보증기관의 대출 보증을 고집하는 관행이 줄지 않고 있다. 은행들은 향후 책임 소재를 면하기 위해 여러 담보가 필요하다고 항변한다. 그러나 이는 기업들에 최종 리스크 책임을 돌리는 길이다. 은행 IB맨들에 대한 대우가 예전보다 높아진 것은 사실이다, 이에 걸맞게 IB맨들도 사업성을 좀더 정교하게 평가하고 이를 바탕으로 소신껏 투자에 나서는 능력을 키워야 한다. 그래야 글로벌 IB들과 어깨를 나란히 하는 진정한 IB맨으로 성장할 수 있다.

15

은행들, IB전문가 더 육성해야 한다

"은행들이 요즘 돈 많이 벌어 뭐해요? 이럴 때 전문 인력을 양성해야 하지 않나요" 외국계 은행의 임원을 만날 때마다 국내 은행들의 구태의연한 경영 방식에 쓴소리를 한다. 국내은행들이 수익을 많이 내고 있지만 전문인력 양성 등 미래를 대비한 투자를 소홀히 하고 있다는 것이다. 은행들이 호황기를 보내는 것은 주택담보대출 등 대출자산을 늘리면서 이자수익이 늘어났기 때문이다.

수익이 가계 대출에서 주로 나오면서 은행들은 지점과 리테일 중심의 영업에서 벗어나지 못하고 있다. 단기 성과에 민감한 시중 은행장들은 당장 수익이 나는 곳, 돈 잘 버는 분야를 챙긴다. 부행장 승진을 시켜도 지역본부장, 리테일본부장을 우대한다. 프로젝트금융(PF)을 포함해 IB인력들은 은행장들의 관심권 밖에 있어 전문직으로 남으려 하지 않는다. 은행들은 대체로 PF부서를 육성 대상으로 삼지 않는다. 금융위기이후 부동산PF 부실로 고생한 경험이 있어서다. 국내 대표적인 PF금융기관인 산업은행 역시 PF전문가 육성보다는 2~3년마다 부서를 옮겨주는 순환 배치를 선호한다. 민간 은행 중신한은행이 글로벌PF시장에 가장 관심이 많다. 하지만 전문인력들이 오래 버티지 못하고 대우가 좋은 국민연금이나 외국계 기업으로 짐을 싸는 일이 잦다.

반면에 외국계 은행들은 IB 전문 인력 육성에 주저하지 않는다. 프로젝트금융과 기업금융에서만 십년 넘게 일한 사람이적지 않다. 정유 발전 에너지 등 산업과 IB의 베테랑으로 키우는 것이다. 그렇게 전문가를 키워 많은 수수료를 거둔다.해외 진출이 활발한 우리 건설·플랜트·조선기업들이 금융구조를 협의하기 위해 외국계 은행의 문을 두드리는 이유도여기에 있다. 오랫동안 한 사람과 금융거래를 하면서 신뢰관계가 구축됐기 때문이다. 일본 3대 금융그룹은 육성된 전문가를 앞세우고 아시아 인프라 관련 PF대출을 확대하고 있다. 중국은 아시아인프라투자은행(AIIB)을 주도하면서 인프라건설 관련 금융 전문가를 양성하고 영향력을 높이고 있다.

국내에서 은행업은 이제 사양산업으로 불린다. 핀테크의 발달로 대면을 위한 지점 방문이 줄어들면서 과거처럼 많은 일자리가 필요 없다. 이달 들어 은행권에 감원 칼바람이 불고, 은행들이 성과 연봉제 도입을 서두르는 것은 이런 환경 변화에 적응하기 위해서다. 국민은행은 지난 2106년 입사 10년차 이상 전 직원을 대상으로 대규모 희망 퇴직을 실시했다. 희망퇴직은 받으면서 미래 먹거리인 IB 전문인력과 IB분야를 키우지 않은 것은 사양산업화를 자초한 꼴이나 다름없다. 국내 기업들이 해외로 나가 치열한 경쟁을 펼치는 사이 국내 은행들은 담보 잡고 대출하는 데 안주해왔다. 그러나 재미를 봤던 주택담보대출도 기계 부채 부담으로 끝물이 되고 있다. 국내 은행업이 사양산업을 넘어 침몰하는 타이타닉호가 되지 않으려면 이제라도 IB전문가를 우대하고 육성하는 풍토를 조성해야 할 것이다.

16 초대형IB와 도시재생

발행어음 사업이 가능한 초대형 IB가 탄생하면서 기업과 부동산시장의 자금조달 창구에도 일대 변화를 맞을 전망이다. 그 중에서도 도시재생 분야에서 초대형 IB에 거는 기대가 크다. 부동산시장의 변화에 맞춰 초대형IB가 탄생하는 것은 시의적절하다. 과거와 같은 대규모 분양주택 공급이나 신도시 개발에서 도심 재개발과 고밀 복합개발로 무게 추가 이동하고 있다. 이에 맞춰 문재인정부는 도시재생뉴딜을 국정운영 5개년 계획에 명시한 바 있다.

그런데 도심재생의 난제 중 하나는 크게 오른 땅값 재원을 어떻게 마련하느냐다. 전체 사업비 중 토지비 비중이 50% 안팎을 차지하면서 조 단위 메가사업이 속속 나오고 있다. 여의도 파크원이나 여의도 MBC 부지, 용산 유엔사부지와 같은 대형 사업에 민간 금융사의 자금조달 역할이 커진 것도 이 때문이다. 일본도 지난 2002년 도시재생특별법이 제정된 이후 마루노우치, 롯폰기 등 주요 도시의 명소가 탄생하는 과정에서 민간금융사들이 자금공급 기능이 중요했다. 우리 역시 도심 재개발 수주를 놓고 대형 은행과 초대형 IB간 자금력 싸움이 불가피할 전망이다. 초대형 IB들은 어음발행을 통해 대규모 개발금융자금을 확보한 뒤 이를 다시 개인고객이나 기관투자자에 파는 전략을 택할 것으로 보인다. 여기에다 증권사의 장점인 빠른 의사결정능력과 대고객 서비스를 결합하면 은행보다 경쟁우위에 설 것이라는 평가다.

초대형 IB들은 자신들의 약점을 보완하기 위해 합종연횡에도 적극 나설 것으로 예상된다. 주택과 오피스빌딩 상업시설이 어우러진 복합개발지구를 개발하는 사업에서 초대형IB들이 이를 진두지휘하기에는 종합적인 능력이 부족하다. 따라서 디벨로퍼 건설사 자산운용사 설계사무소 등과 적극적인 짝짓기에 나서야 한다. 여의도 MBC개발사업의 우선협상자가 된 NH투자증권은 신영과 GS건설을 각각 시행사와 시공사로 맡기는 컨소시엄 형태로 참여해 딜을 따냈다. 외부의 전문 파트너사와 얼마나 호흡을 잘 맞추느냐가 도시재생 선점의 중요한 변수임을 보여주는 대목이다.

초대형 IB들은 아울러 리스크관리 능력도 높여야 한다. 도시재생을 포함해 부동산 관련 익스포저(위험노출)가 늘어날 경우 부동산경기 변동에 따라 자본시장 시스템의 안정성이 취약해질 가능성이 있다. 이는 금융당국이 초대형IB 인가과정에서 걱정하는 대목이다. 도시재생의 위험은 감수하되 충분한 사업성 검증과 심사를 거쳐 우량 사업에만 손대야만 할 것이다. 정부와 지자체 역시 할일이 많다. 초대형 IB와 같은 민간 재원을 제대로 끌어들이기 위해 공공과 민간의 역할을 명확히 분담하고, 민간의 참여 조건과 인센티브를 설득력있게 제시해야 한다.

초대형 IB들이 대규모 자금조달 능력에다 종합적인 개발전략과 사업이행능력을 보강하면 국내 도시재생시장 재편 과정에서 주축이 될 것으로 전망된다. 초대형IB들이 새롭게 형성 되는 도시재생시장에서 윈윈의 활약을 보여주길 기대해본다.

17

은행도 도시재생의
한 축이다

　요즘 도시를 다시 살려내는 사업이 한창이다. '도시재생사업'은 부동산 개발의 핵심 수단이자 꽃으로 떠올랐다. 당장 서울에서 강남권의 알짜 단지들이 줄줄이 재건축을 진행하고 있다. 도시재생사업이란 쇠태한 도시 기능회복을 위해 환경변화에 맞춰 경제적·사회적·물리적으로 구시가지를 부흥시키는 도시사업이다. 도심 재개발과 재개발·재건축사업이 대표적인 분야다. 정부는 국비와 주택도시기금으로 도시재생 사업의 재원을 충당하고 있다. 그 일환으로 주택도시보증공사(HUG)는 재개발·재건축 조합원의 이주비와 부담금에 대해 '정비사업자금대출보증'을 제공하고 있다. 그러나 갈수록 늘어나는 도시재생 금융수요에 비해 공공 재원이 턱없이 부족한 상황이다. 당장 주택도시보증공사(HUG)의 보증 여력이 턱밑까지 차오르면서 자본금 확충 얘기가 안팎에서 나오고 있다. 이에 자금력이 풍부한 민간 금융권의 참여 확대가 시급하다. 이와 관련, 신한은행은 부천에서 주상복합과 오피스텔, 상가가 어우러진 복합 프로젝트파인내싱(PF)개발사업에 금융 지원함으로써 도심 재개발사업의 모범 선례를 보여줬다.

신한은행은 토지 중도금부터 잔금, 브리지론, 본 PF에 이르기까지 종합 금융 솔루션을 제공했다. 이를 통해 신한은행은 지자체인 부천시가 보유한 유휴부지를 개발하도록 물꼬를 터줘 공익에 기여했다는 평가를 받았다. 일본에서는 개발 사업의 금융주선부터 공공기금에 대한 대출까지 은행들의 참여가 광범위하게 일어나고 있다. 하나금융경영연구소에 따르면 지난 2002년부터 도시재생사업을 본격화한 일본에서는 개발업체 외에도 민간은행이 다양한 경로로 개별 사업에 뛰어들고 있다. 도쿄도 제1호 도시재생사업인 '아오야마 잇초메' 재건축 사업에는 미즈호은행이 △금융주선 △건설자금 선순위 대출 △준공 후 운영자금 대출까지 원스톱으로 담당했다.

　우리의 경우 사업 시행사가 영세하다 보니 은행권의 도시 재생금융 관련 상품개발 등 적극적인 사업 참여가 요원한 실정이다. 나아가 은행권은 물론 보험사, 연기금, 리츠·펀드 등 가용 가능한 부동산 금융기관을 총 동원해 역할 분담체계를 마련해 민간의 재원조달을 극대화할 필요도 있다. 정부와 건설사 역시 금융기관의 자금을 끌어내기 위해 도시재생사업의 수익성과 안정성에 대한 청사진을 제시해야 한다. 도시재생금융은 단순히 건설사와 은행들의 돈벌이로 그치는 게 아니다. 도시의 기능을 회복하고 주거환경이 불량한 지역을 개선한다는 공공적인 속성도 강하다. 낙후된 도시에 활력을 불어넣는다는 사명감을 갖고 금융당국과 은행 경영진이 적극적인 상품 개발에 나서고 참여도 독려해야 한다.

18

도시재생에 금융참여 늘리려면

소설가 김훈의 산문집 '라면을 끓이며'를 보면 그의 식성에 공감가는 대목이 있다. 요즘 퓨전 김밥 속에는 치즈 샐러드 불고기 게살 소시지 따위를 넣어 뚱뚱하게 만드는데 김훈은 이런 김밥이 질색이라고 한다. 그가 좋아하는 김밥은 단무지와 시금치 또는 우엉 한줄만 넣은 것이다. 김밥 안에 하나의 주된 기둥 맛이 있고 그 주변을 장식하는 부수적인 맛이 있어야 하며 뒤섞인 것은 좋은 김밥이 아니라고 김훈은 말한다. 퓨전 김밥이 나온 것은 한국인이 유난히 종합적인 한입을 좋아해서다. 밥 고기 야채 양념 향신료 모든걸 한방에 싸넣은 상추 식사가 대표적이다. 최근 부동산시장의 화두인 도시재생 추진 현황을 보면 쌈처럼 온갖 것을 담으려는 의도가 엿보인다. 정부 지자체 주민 시민단체 도시전문가 등 이해관계자의 의견을 수렴하고 만족시키기 위해서다.

상황이 이렇다보니 도시재생 모델이 복잡해지고 있다. 정부의 도시재생은 주거지 재생형부터 보완형 정비형 활용형 창출형 복지형 등 6개다. 세부 모델은 15개라고 한다. 지자체 자체사업이 있고 국토교통부가 추진하는 뉴딜사업도 있다. 도시 원주민을 지키고 사회 문제를 해결하기 위해 도시재생은 공공성을 띠어야 한다. 하지만 민간 자본 유치도 공공성 못지않게 중요하다. 재정의 부담을 최소화하고 공적 자본 투입에 따른 낭비를 줄이려면 재생 사업 중 상당수는 민간금융사 참여 길을 터줘야 한다.

민간 금융사의 참여를 늘리려면 어떻게 해야 하나. 단순한 식재료로 김밥 본연의 맛을 살리는 것처럼 도시재생도 사업모델을 좀 더 단순화하면 어떨까 한다. 이것저것 섞이다 보니 차주가 누구인지, 현금 흐름은 어떻고 상환 재원은 무엇인지가 구체적이지 않다. 도시재생 모델을 단순화해야 경영진을 설득하기 쉽고 금융 참여가 가능하다고 은행 관계자들은 지적한다. 도시재생이 수익성 차원에서 투자할만한 것인지, 아니면 사회공헌 차원에서 접근해야 하는지 금융사의 경영진이 전략적 판단을 내릴 수 있도록 도와줘야 한다. 둘째 금융 구조를 대형화, 패키지화해야 한다. 20억~30억원짜리 소규모 정비사업을 은행들이 맡아서 처리하기 곤란하다. 상업은행들은 인건비용이나 품 들이는 게 같다면 수백억원 이상의 대규모 사업을 맡으려고 한다. 따라서 가로주택정비사업과 같은 소규로 딜을 묶어 자산관리회사가(AMC) 주도의 패키지딜로 전환해야 개별 사업관리에 대한 부담을 던다고 금융사들은 입을 모은다. 마지막으로 주택도시기금의 마중물 역할도 빼놓을 수 없다. 사업 초기 위험도가 큰 상황에서 누군가 해결사 역할을 해줘야 한다. 출자 융자 대출보증 등 기금의 여러 금융기법을 활용해 민간 금융사들을 끌어들이는 구조를 잘 짜줘야 한다.

신도시와 공공택지 개발사업이 갈수록 줄어들면서 금융권도 도시재생으로 눈을 돌리고 있다. 그러나 도시재생 추진 모델이 복잡 다단하고 중구 난방이어서 금융권은 아직 갈피를

잡지 못하고 있다. 도시재생에서 공공 역할이 중요하지만 한 정된 정부 재원으로 특정 도시재생 지역에 퍼부을 수 만은 없 다. 재정 낭비를 줄이기 위해 민간 금융의 의견을 초기부터 반영해 적절히 활용하는 방안을 모색해야 한다.

19

자산운용업계, 한국판
'오퍼튜니티펀드' 키워야

부동산 개발사업에 따른 이익은 누가 가져갈까. 마진 대부분이 시행사(디벨로퍼)나 시공사들의 몫으로 생각하는 사람이 많다. 틀린 것은 아니다. 건설사들은 제조업체 이익률을 훨씬 뛰어넘는 수익을 챙긴다. 대신 건설사들은 토지 매입부터 사업 인허가, 분양, 건축까지 수년동안 힘든 진행단계를 거쳐야 한다. 이 과정에서 예기치 못한 일이 발생해 차질이 빚어지기 일쑤고 갖은 고초를 겪는다. 게다가 사업이 중단될 경우 적잖은 금전적 손실이 뒤따른다. 몇년간 수입 없이 버티다 분양금이 일시에 들어오므로 그간의 대가를 보상받는게 당연하다.

이들 건설사에 비해 상대적으로 리스크를 덜 지고 사업 관련 고생을 덜하면서도 뒤에서 20%대 높은 수익을 올리는 이들이 있다. 오퍼튜니티펀드(Opportunistic fund)라 불리는 사모펀드들이다. 최근 몇년 새 외국계 부동산 오퍼튜니티 펀드들이 국내에서 큰 활약을 하면서 주목받고 있다. 오퍼튜티니펀드는 개발사업에 지분을 투자하거나 중·후순위 대출에 투자해 연 15~20%의 고수익을 올리는 펀드다. 미국계 '안젤로 고든'은 서울 한남동 주상복합개발사업에 후순위를 투자해 연 20% 수익을 올렸다. 저금리 시대에 누가 이런 말도 안되는 이자를 부담하겠느냐고 생각하겠지만 엄연히 존재한다. 은행이나 보험사들은 일반적으로 선순위 대출을 선호한다. 이런 선순위 대출과 자기자본으로 사업비가 부족하면 건설사들은 고금리를 주더라도 자금을 조달해야 한다.

오퍼튜니티펀드가 땅짚고 헤엄치기식 장사를 하는 것은 아니다. 자칫 미분양이나 미입주에 그칠 경우 담보가치가 없어 투자금을 고스란히 날릴 수 있다. 때문에 펀드 운용인력들은 사업성 분석은 물론 국내외 경제동향과 부동산시장 전망까지 꿰뚫고 있어야 한다. 그렇더라도 건설사가 들이는 여러 노력에 비해 힘을 덜들이고 고수익 마진을 가져가는 게 사실이다. 이런 고수익 금융시장에 토종보다는 안젤로 고든이나 '스탠다드차타드(SC) 프라이빗에쿼티(PE)'와 같은 외국계들이 득세한다는 것은 안타까운 사실이다.

국내 금융사들이 이 시장에 전혀 진출하지 않은 것은 아니다. MDM그룹이나 미래에셋 금융그룹, KTB금융그룹이 국내외 오퍼튜니펀드 조성에 관심을 보이고 있다. 하지만 아직은 걸음마 단계이고 난관이 적지 않다. 우선 자금을 대는 국내 기관투자자들이 리스크 지기를 싫어한다는게 걸림돌이다. 연기금이나 보험사 담당들은 고수익을 내려다 사업이 망가질 경우 책임을 져야 하는 까닭에 담보인정비율(LTV)이내 투자를 고수한다. 손실이 나면 검사나 감사를 받아야 한다는 중압감에 안전 위주의 투자에 익숙해있다. 부동산금융에 대한 금융당국의 규제와 무관심도 넘어야 할 과제다. 당국이 자본시장 플레이어로 초대형 투자은행(IB)을 육성하고 있지만 부동산금융보다는 기업투자와 인수합병(M&A) 등 기업금융에 초점을 맞췄다. 되려 자본시장의 부동산금융 투자와 관련해 충당금 적립 등의 규제를 가하는 실정이다.

　국내외 부동산을 넘나들며 투자하는 오퍼튜니티펀드는 잘
만 육성하면 활력을 잃은 국내 금융산업의 신성장동력이 될
것이다. 그러나 저위험에 안주하는 투자행태, 금융당국의 무
관심이 지속되는 풍토 아래에서 한국판 부동산 오퍼튜니티펀
드 탄생은 머나 먼 이야기다.

20

두 얼굴의
오피스빌딩 시장

　오피스빌딩 거래시장에서 기록 풍년이 이어지고 있다. 명품 빌딩 경쟁이라도 하듯이 최고가 기록을 경신하고 있다.

　서울 서초동 삼성물산 사옥은 3.3㎡(평)당 3200만원(총 7800억원)에 거래되면서 평당 최고가를 새로 썼다. 여의도 SK증권빌딩은 여의도권역(YBD) 내 평당 최고가 기록을 세웠다. 총 거래가 2951억원으로 3.3㎡당 2060만원이 책정됐는데 이는 직전 YBD 최고가인 시티프라자(3.3㎡당 2034만원)를 넘어선 가격이다. SK증권 빌딩은 KTB자산운용이 옛 미래에셋그룹 본사 부지를 신축한 건물로 KB자산운용이 매입했다. 서울 공평동 센트로폴리스빌딩은 단일 빌딩가격으로 사상 최고가를 갈아치웠다. 영국 프루덴셜 계열 M&G리얼에스테이트는 개발회사인 시티코어로부터 이 빌딩을 1조1000억원(3.3㎡당 2700만원)에 사들였다. 이는 지난 2007년 10월 서울역 대우빌딩(현 서울스퀘어)이 세운 기존 기록 9600억원을 뛰어넘는 것이다.

그런데 건물가격이 천정부지로 치솟는 것과 달리 오피스 임대시장은 심상치 않다. 장기간 '임대'를 써붙인 빌딩이 늘고 공실률이 뚜렷한 상승곡선을 그리고 있다. CBRE 조사에 따르면 2018년 1분기 서울 공실률은 11.13%로 작년 1분기에 비해 0.87%p 상승했다. 특히 여의도 공실률은 16.7%까지 치솟았다. 선호도가 떨어지는 이면도로 중소형 빌딩은 20% 이상 공실률을 보이고 있다. 빌딩 입주물량이 늘어나는 데 비해 경기 침체로 사무실 수요는 줄고 있어서다. 도심의 프라임급 빌딩 역시 수요 타깃이 정해져 있어 기업 빼앗기 경쟁이 나타나는 양상이다. 1년 계약에 5~6개월 무료 임대(렌트 프리)를 서비스 해주는 것이 기본 거래조건이 되고 있다.

앞으로 오피스빌딩시장 전망에는 의견이 엇갈린다. '위워크' '패스트파이브'와 같은 공유오피스(건물을 빌려 사무공간을 재임대하는 것)가 부상하고 근로시간 단축으로 기업들의 인력 충원이 확대되는 점은 시장에 긍정적 요인으로 꼽힌다. 그러나 여의도 파크원을 비롯해 세운 6-3-1, 2구역, 강남 르네상스호텔 부지 개발 등 대규모 오피스 공급이 줄줄이 예정된 점은 부담이다. 공급 과잉은 공실률에 좋지 않은 영향을 미친다. 그동안 서울 중심권역의 오피스빌딩 가격은 지속적으로 상승해왔다. 개발 가능한 공간이 한정돼 있는데다 시중의 자금 유동성이 풍부한 점이 가격을 끌어올렸다. 그러나 공실률 상승 등 시장 환경이 바뀌고 있어 앞으로도 빌딩 가격이 꾸준히 상승할 것이라고 장담할 수 없다.

빌딩간 품질과 서비스로 경쟁하는 시대가 도래했다고 전문가들은 지적한다. 결국 입주업체에 얼마만큼의 쾌적함(어메니티)을 제공하느냐 하는 서비스의 질과 빌딩의 하드웨어 경쟁력이 승부를 가를 것으로 보인다.

21

'맛집 편집숍'이
뜨는 이유

흔한 푸드브랜드나 프랜차이즈보다 소셜네트워크서비스(S
NS)나 지도를 보고 맛집을 찾아가는 게 요즘 소비자들의 트
렌드다. 이를 반영해 일종의 맛집 편집숍인 '셀렉트 다이닝몰
(Select Dining Mall)'이 뜨고 있다. 소비자들이 취향별로
술과 음식을 주문해 식당들이 공통으로 쓰는 테이블에서 먹
는다. 몰의 유지와 운영은 전문 디벨로퍼가 맡는다. 광화문
디타워의 파워플랜트를 비롯해 △여의도 SK증권빌딩 지하
디스트릭트와이 △부영태평빌딩의 식객촌이 대표적이다. 수
제 맥주와 이에 어울리는 음식을 만드는 이태원 맛집 다섯곳
을 한자리에 모은 파워플랜트는 요즘도 상당시간 대기해 들

어갈 정도로 인기다. 파워플랜트와 디스트릭트와이를 운영하는 오버더디쉬(OTD)는 건물주로부터 공간을 빌린 다음 다시 여러 맛집을 유치해 이들에게 매장을 임대해주고 있다.

맛집 편집숍이 핫플레이스로 떠오른 이유는 뭘까. 기존 대기업 매장과 비할 수 없는 독특하고 새로운 것을 원하는 소비자들의 취향을 저격한 게 성공 요소로 꼽힌다. 여기에다 부동산산업 측면에서도 새로운 키워드를 철저히 따랐다는데 의의가 있다. 최근 부동산업 트렌드는 △플랫폼과 △공유경제 △공익성 강화 등 세가지로 요약된다. 맛집 편집숍은 기존 대기업들이 파는 일방적 공급시스템을 거부하는 신(新)플랫폼이다. 운영주체와 입점업체들이 상호 협업하며 네트워크 효과를 극대화한다. 이렇게 하면 경제적 효율을 개선하고 소비자 만족도를 높이는 데 기여한다. 또 하나의 키워드는 공익성 강화에 있다. 맛집 편집숍은 푸드트럭과 같은 야전에서 자기만의 요리를 키워낸 청년들 중심으로 끌어들였다. 이들에게 맛집 편집숍은 안정적인 일자리인 동시에 나아가 자신만의 브랜드를 프랜차이즈화할 수 있는 데뷔 무대가 된다. 이름을 잘 알리면 분점을 낼 수 있는 일종의 안테나숍인 것이다. 하남 스타필드에 들어선 맛집편집숍인 마켓로거스는 해당 지역에서 자생적으로 만들어진 맛집들과 협업하는 취지에서 도입됐다고 한다.

맛집 편집숍은 포화상태에 도달한 외식업에 공유경제 바람도 불어넣는다. 키친 겸 매대는 독립해 두되 테이블은 공유하는 개념을 활용해 효율성을 높였다. 공간 공유로 비용을 낮춘 만큼 소비자에게 혜택을 돌려주는 형태다. 이 가운데 최근 트렌드에 가장 호소력 있는 개념은 아무래도 다양한 요리기술을 적용한 맛집 스타트업을 육성하는게 아닐지. 도심 재개발의 성공과 상권 부활을 위해선 이제 외형보다 콘텐츠가 중요한 세상이 됐다. 맛집 편집숍들이 새로운 콘텐츠를 가진 청년 식당들을 지원하고 협업함으로서 소비자들의 호응을 이끌어내는 게 아닐까 싶다.

22

신용평가기관의
PF포비아

증권사들의 부동산 프로젝트파이낸싱(PF) 우발채무 논란이 수그러들지 않고 있다. 올 들어 미분양이 증가하는 등 부동산 경기가 좋지 않자 우발채무 문제가 수면 위로 떠올랐다. 최근 몇 년 새 개발사업에 대한 증권사들의 신용보강이 크게 늘면서 건전성 리스크가 커진 것 아니냐는게 논란의 핵심이다. 이에 신용평가기관은 증권사들의 우발채무 관련 문제를 조명하는 보고서를 내놓고 있다. 신평사들은 우발채무 확대가 증권사들의 신용등급 방향을 좌우하는 변수가 될 것으로 본다.

부동산경기가 회복되면서 증권사들이 개발시장에 앞다퉈

진출했고 이로 인해 우발채무가 늘어난 것은 사실이다. 주식 중개 비즈니스에서 수익이 줄어든 증권사들은 수익 다변화 차원에서 개발사업에 모험자본 공급을 늘렸다. 후순위 대출이나 신용 공여, 미분양담보대출 확약 등이 그것이다. 증권사에 대한 신용보강 규제가 완화되고 건설사들의 외부 신용보강 수요가 급증한 것도 증권사들의 자금공급 역할 확대에 한몫했다.

그러나 단순히 부동산PF 우발채무액이 많다고 해서 위험도와 연관짓는 '막연한 포비아'는 경계해야 한다. 한 신용평가기관은 "증권사 우발채무 급증은 저축은행 사태의 재연"이라고까지 언급했다. 금융위기 이후 부동산PF 우발채무 문제로, 건설사들이 도산한 것이나 저축은행들이 영업 정지사태를 겪었던 것처럼 증권사들도 전철을 밟을 것이란 우려다. 우발채무가 자기자본 100%를 초과하는 증권사는 고객예탁금을 갚지 못할 수도 있다는 잘못된 정보도 회자되고 있다. 고객 예탁금이나 주식·채권은 증권금융과 예탁결제원에 보관돼 소비자가 투자금을 되찾지 못할 이유가 없다. PF 우발채무를 막연히 부정적으로 보는 시각은 시행사가 영세하다는 데서 출발한다. 그러나 최근 시행사들은 재무건전성을 높이고 대형화하는 추세다. 여기에다 부동산신탁사를 통한 개발신탁이 증가하면서 과거와 달리 신용 리스크를 헤지하고 있다. 저축은행들이 부실 PF사업에 물린 것은 위험도가 높은 초기 개발사업에 '묻지마 투자'를 했기 때문이다.

증권사들은 사업성을 심사하고 신용도를 따져 PF사업에 참여하고 있다. 또 고위험 고수익에서 저위험 저수익까지 사업별 포트폴리오를 분산해 리스크를 헤지하고 있다고 증권사들은 항변한다. 메리츠종금증권은 사업비의 80%이상을 확보하고 A급 건설사가 진행하는 PF로 제한에 참여하고 있다고 말한다. 이런 PF 트렌드의 진화를 감안하지 않고 '우발채무=파산'이라는 포비아에 갇혀있는 것은 바람직하지 않다.

여기에 더해 모험자본을 공급하는 증권사들에 은행과 같은 엄격한 감독 잣대나 규제를 들이대는 것은 무리다. 이런 규제는 모험자본의 역동성을 가로막아 증권산업은 물론 부동산PF 시장의 발전을 해친다. 금융당국은 우발채무가 자기자본대비 얼마나 많냐는 양의 잣대에서 벗어나 우발채무의 질을 꼼꼼히 따져봐야 할 것이다.

23

빗장 풀리는
부동산신탁업

부동산신탁업이 금융권의 뜨거운 감자로 떠올랐다. 정부가 신규업체 진입을 허용하기로 해서다. 지난 2009년 코리아신탁과 무궁화신탁이 인가를 받은 이후 9년만이다. 금융위원회는 부동산신탁을 포함한 금융업의 진입규제 개편방안을 발표했다. '물 들어올 때 노를 저어라'는 말이 있듯이 이번 기회에 진입 티켓을 잡겠다는 금융사들이 적지 않다. NH농협금융, BNK금융 등 신탁사를 보유하지 못한 금융지주사들이 검토에 나섰다. 미래에셋대우와 한국투자증권, 메리츠종금증권 KTB투자증권 등 자본시장 맹아들도 물밑에서 진입을 타진하고 있다. 금융당국이 금융업권별 1곳씩 최소 2~3곳을 인가할 것이라는 말이 나온다.

부동산신탁업에 대한 금융사의 관심이 커진 이유는 높은 수익성과 자기자본이익률(ROE) 때문이다. 지난 2017년 11개 전체 부동산신탁사들이 거둔 순이익은 5061억원으로 전년 대비 30% 가까이 늘었다. 부동산신탁사의 ROE는 20%를 웃돈다. 4~5%대인 금융사 평균 ROE에 비해 4배 이상 높은 것이다. 경쟁 확대로 ROE가 내려가도 다른 업권에 비해선 괜찮은 시장이다.

큰 돈을 버는 부동산신탁업계를 금융당국이 가만 놔둘 리 없다. 이번에 시장 경쟁을 촉진해 소비자 이익을 도모하고 서비스 질을 개선하며 일자리도 창출하겠다는 게 당국의 신규사 허용 배경이다. 이에 부동산신탁사들은 우려를 나타냈다. 업계 생태계를 혼란시키고 중소 부동산신탁사의 부실화 가능성도 높아질 것이라고 주장한다. 부동산시장 환경이 점점 불확실해지는 점을 고려하면 이들의 목소리가 틀린 것은 아니다. 지난해까지 수주한 물량으로 부동산신탁사들은 올해와 내년 실적을 크게 걱정하지 않아도 된다. 그러나 2년 뒤가 문제다. 분양물량이 줄고 신규택지 공급이 급감하면서 올해 이후 신탁수주 감소 가능성이 커지고 있다. 택지 공급 감소를 도시재생시장이 대체해야 하나 규제 탓에 시장 형성이 더디다.

신탁사들은 조직과 인력을 쏟아부어 도시정비 시행사업을 늘리고 있다. 이런 가운데 농협금융과 같은 자본력이 막강한 금융그룹이 인가를 받아 관련 시장에 뛰어들면 기존 신탁사에 상당한 위협이 될 전망이다. 기존 부동산신탁사들은 자본력이 충분히 뒷받침되지 않아 수주확대에 애를 먹고 있다. 결국 시장 경쟁이 격화될수록 우량업체 위주로 수익이 늘어나고 하위 업체의 입지는 흔들리는 구조다.

2018년 상반기 삼성생명이 생보부동산신탁 지분 50%를 시장에 내놓은 것도 미래에 대한 위기감이 깔려 있다. 다른 신탁사도 마찬가지다. 코람코자산신탁은 온라인 부동산금융사업과 민자 인프라시장, 실버주택사업 등 사업 다각화를 활발히 꾀하고 있다. 코리아신탁은 최근 관광숙박업과 물류시설 개발과 운영, 민간임대주택 관리업 등을 사업목적에 추가했다. 앞서 지난해 하나자산신탁과 KB부동산신탁은 책임준공신탁 신상품을 내놨다. 시장환경이 급변하는 것을 감안하면 부동신탁사 스스로 새로운 살 길을 모색해야 할 시기가 된 것이다. 금융당국도 신규 진입을 허용하는 데만 그치지 말고 부동산신탁사들의 새로운 먹거리 육성에도 관심을 가져야 한다.

24

핀테크에 비해
홀대받는 프롭테크

부동산 시장에 아이디어나 신기술로 무장한 스타트업들이 속속 등장하면서 새로운 활력소가 되고 있다. 이들 스타트업은 부동산 개발시장이 도심지 소형사업과 복합개발로 변화하는 데 맞춰 참신한 콘텐츠를 던져주고 있다. 청년들의 셰어하우스를 개발하고 임대를 제공하는 '우주'와 생활 속 유휴공간을 공유하는 '스페이스 클라우드' 등이 대표적이다. 스타트업 중에서도 프롭테크(Proptech)로 불리는 기업들이 경직된 국내 부동산시장을 혁신할 기대주로 주목받고 있다. 핀테크는 익숙하지만 프롭테크는 아직 생소한 용어다. 핀테크는 말 그대로 금융이 IT와 결합하면서 인터넷은행, 비트코인, 로봇어

드바이저 등 새로운 파생산업과 직업을 만들어내고 있다.

프롭테크 역시 부동산(Property)에 IT를 접목한 합성어다. 신규 일자리를 창출하거나, 변화된 개발시장에 대응하기 위해서는 이들 프롭테크를 적극 육성해야 한다고 전문가들은 입을 모은다. 이상영 명지대 부동산학과 교수는 "글로벌 부동산 스타트업(프롭테크) 투자는 지난 2013년 114건, 4억5100만 달러에서 지난 2017년 277건, 26억9800만달러로 급증하는 추세"라고 밝혔다. 그는 이어 "국내 부동산업 고용인력과 관련, 임대 중개 자산관리인력 수준이나 근무여건이 열악하다"면서 "부동산 스타트업을 늘려 고용의 질적 수준을 높여야 한다"고 강조했다. 이강성 한국자산에셋운용 대표도 "과거 대기업들이 복합개발의 콘텐츠를 장악하고 개발사업을 주도했다. 최근에는 새로운 아이디어와 기술을 적용한 다양한 스타트업 기업들이 콘텐츠를 개발하고 있으며 이들 스타트업을 지원해야 도심개발 성공과 혁신이 가능하다"고 역설했다.

프롭테크 역할에 대한 기대가 커지고 있지만 아직 사각지대에 놓인 게 현실이다. 금융당국이 핀테크를 4차산업 혁명의 총아로 보고 대대적 지원에 나서는 것과 비교하면 프롭테크 육성은 무관심에 가깝다. 부동산이라고 하면 투기와 연관 짓는 옛 시대적 사고에 머물러 있어서다. 예를 들어 부동산에 대해 지분형 크라우드펀딩(Crowd funding) 투자를 하지 못하도록 막아놨다. 공익적 성격의 부동산 개발에만 가능하도록 일부 예외만 허용하고 있다. 공공이 생산한 부동산 관련 데이터를 민간이 이용하지 못하는 것 역시 프롭테크 활성화의 걸림돌로 작용하고 있다. 부동산업은 인공지능(AI)과 사물인터넷, 빅데이터 등과 결합해 진화하고 있다. 또 도심 재개발이 소형되면서 아이디어와 전문성을 지닌 운영기반의 기업들이 주인공으로 등장하고 있다. 일자리 창출을 위해서나, 도심 재개발의 성공을 위해서나 프롭테크 육성은 더 이상 방관할 수 없는 일이다.

25

변곡점에 선
P2P시장

흔히 부동산 디벨로퍼(시행사)들이 하는 말이 있다. 9개 사업에 성공했어도 1개 사업이 실패하면 그 하나 때문에 회사가 휘청인다고. 각종 리스크를 안고 벌이는 부동산 프로젝트파이낸싱(PF)의 어려움을 대변해주는 말이다. 이는 부동산PF 상품에 투자하는 P2P(개인간 거래) 대출시장에도 적용된다. 총 1000만원을 P2P상품에 투자했다고 치자. 몇 개 사업에서 연 10%대 높은 이자를 벌을 수 있다.

그러다 투자한 한개 PF사업이 부실화돼 물리면 이자는커녕 원금도 찾지 못하게 된다. 부동산PF의 위험요인을 다양한 측면에서 분석한 P2P업체라 하더라도 인허가와 같은 예측하기 어려운 위험은 알 수 없다. 최근 만난 한 P2P업체 사장은 PF대출 상품 연체로 골치를 앓고 있다.

개인 투자금을 모아 경기 지역 도시형생활주택에 대출해줬는데 준공 승인이 계속 미뤄지고 있기 때문이다. 준공 뒤 분양대금을 받아 돈을 갚는 방식인데 상환에 차질이 빚어진 것이다. 설상가상으로 이 사업을 담당했던 실무자는 다른 직장으로 이직했다고 한다.

P2P대출시장이 급성장하면서 이 중 약 3분의 1을 차지하는 부동산 PF 대출에 대한 우려가 커지고 있다. 부동산 PF 대출은 연 10~15% 이상 고수익을 제공하지만 그만큼 연체나 미상환 리스크가 큰 탓에 투자시 각별한 주의를 기울여야 한다. P2P시장 규모는 전 세계적으로 340조원에 달할 정도로 빠르게 성장하고 있다. 국내에서도 개인과 대출 수요자 모두에 필요한 자금조달 및 투자 수단으로 자리 잡았다. 그런데 양적 성장과 함께 대출 피해 및 P2P업체 리스크가 대두된 만큼 이제는 옥석가리기가 필요한 시점이다. 그런 면에서 금융

당국이 최근 P2P대출에 대한 관리감독을 강화한 것은 옳은 방향이라고 생각한다. 투자자들이 P2P기업에 등을 돌리지 않게 하려면 이제는 리스크관리 역량과 전문성을 갖춘 우량기업으로 재편돼야 한다. 국내 P2P시장은 발전 가능성이 크다. 경쟁력과 창의력있는 금융인재들이 모여들고 투자상품도 다양화되고 있다. 지금은 P2P시장이 제도적으로나 시장적으로 변곡점에 서 있다. 변곡점은 경쟁력있는 업체로 성장하기 위해 필수적으로 거쳐야 하는 시기다. 이런 변화의 시기를 잘 대처하고 견뎌낸 P2P업체는 향후 시장개편 과정에서 우위를 점할 것이다.

26

부동산PF와
개인투자자

부동산 프로젝트파이낸싱(PF)에 투자하는 개인들이 늘고 있다. 아파트나 상가를 분양받거나 준공 건물을 매입하는 것에 비해 단기간 높은 수익을 기대할 수 있어서다. 또 디벨로퍼가 아니면서도 대규모 개발사업에 참여한다는 일종의 '자기만족감'도 가질 수 있다. 개인들이 부동산 PF사업에 참여하는 길은 간접 투자와 직접 투자로 나뉜다. 간접 투자에 나서려면 금융사들이 판매하는 PF대출형 부동산펀드나 리츠, 파생결합증권(DLS) 상품에 가입하면 된다. 한국투자증권은 2018년 상반기 선(先)순위 PF대출 채권에 투자하는 250억원 규모 이지스부동산펀드를 선보였는데 개인들의 호응이 높았다. 메리츠종금증권은 2017년 말 개인을 대상으로 200억원 규모 PF대출 유동화 DLS(파생결합증권)를 내놓았다.

직접 투자는 말 그대로 직접 거액을 투자하거나, 아니면 '개인 대 개인(P2P)업체'를 통해 투자하는 것을 말한다. 요즘은 P2P업체를 통한 PF투자가 대세다. 개인들이 직접 뛰어들기에는 경험이 부족해서다. P2P업체는 개발사업 관련 딜을 발굴하고 전문적으로 분석해 10%대 금리 상품을 만들어 개인들에 판매한다.

간접 투자와 직접 투자의 장단점을 비교하면 간접 투자상품은 우선 안정성이 높다는게 매력이다. 증권사들이 내놓는 간접 상품은 사업성이 높은 개발사업을 대상으로, 그것도 선순위 PF대출 상품 위주로 판매한다. 회사 신뢰도를 관리하고 투자자를 보호하기 위해서다. 직접 투자는 높은 수익을 기대할 수 있다. 지난 2017년 P2P업체 비욘드펀드는 송파 오피스텔 개발사업에 7개월 투자하는 상품을 판매했는데 투자자에게 연 19.9%의 수익(세전)을 안겨줬다.

그러나 직, 간접 투자 모두 리스크를 간과해서는 곤란하다. 요즘처럼 부동산시장을 예측하기 어렵고 불확실성이 클 때는 호구가 될 수 있어 판매업체와 상품을 꼼꼼히 따져봐야 한다. 우선 간접 투자상품은 투자기간이 상대적으로 긴데 비해 환매가 어렵다는 게 문제다. 공모형 부동산펀드는 거래소에 상장할 수 있지만 거래량이 극히 미미하다. 급히 현금화할 일이 생겨도 매매가 없다보니 제때 팔 수가 없다. P2P업체 상품에 투자할 때도 옥석을 가려야 한다. 전국적으로 P2P업체가 200곳에 육박할 정도로 성업중이다. 이 중 부동산 PF대출 등 부동산 관련 대출 상품 취급이 전체의 60~70%를 차지한다고 한다. PF경험이나 심사관리 능력이 부족한 업체도 진입해 상품을 내놓고 있다. 처음에는 높은 수익으로 재미를 볼 수 있으나 사업이 부실화하거나 P2P업체가 폐업하면 원금을 까먹게 된다. 2018년 초 P2P협회가 집계한 업계 연체율은 2.34%, 부실률은 2.49%에 달한다. 따라서 수익이 다소 낮더라도 연체율이나 부실이 거의 없는 대형업체의 상품을 고르는 게 비교적 안전하다. 개인들이 PF시장에 진입하는 것은 개발사업 자금줄의 저변이 확대되는 장점이 있다. 또 부동산업체가 누리던 부동산 개발이익을 개인들도 공유할 수 있다는 점에서 긍정적이다. 하지만 PF투자는 상대적으로 높은 위험이 따르므로 시장 환경을 체크하고 원금을 지키는 신중한 투자 판단이 뒤따라야 한다.

27
경기둔화 이전에
PF위험 점검해야

    건설사와 금융사들은 시장 예상치를 웃도는 영업실적으로 지난 상반기를 마감했다. 최근 수년간 이어진 부동산경기 호조 덕택이다. 한국은행이 내놓은 기업 분석자료에 따르면 건설업의 2018년 2분기 영업이익률은 9%에 달했다. 통상 5~6%대인 건설사 영업이익률을 크게 뛰어넘은 수치다. 주택경기가 상승하기 시작한 2016년 이후의 분양물량이 준공되면서 올해 분양대금이 유입된 결과라고 한은은 설명했다. 증권사와 부동신신탁사도 웃었다. 2018년 상반기 11개 부동산신탁사의 순이익이 2853억원으로 지난해 상반기(2425억원) 대비 17.6% 증가했다. 반기 기준 역대 최대 실적이다. 증권사 역시 사상 최대 반기 순이익(2조6974억원)을 냈다. 부동산 프로젝트파이낸싱(PF)과 같은 투자금융(IB) 수수료가 급증해서다. 은행업 역시 주택담보대출 확대에 힘입어 남부럽지 않은 성적표를 받았다.

건설사와 금융사들의 사상 최대 실적잔치 배경에는 부동산 호황이 자리잡고 있다. 토지 인허가 단계부터 주택을 지어 소비자에게 인도하기까지 건설은 물론 금융이 수반된다. 진행 단계별로 기업들은 기성금이나 수수료 또는 이자 수익을 번다.

부동산경기 호조가 이대로 이어지길 바라는 것은 이들 업종의 공통된 생각일 것이다. 안타깝게도 분위기는 낙관적이지 않다. 주택시장 하강에 대한 우려가 커지고 있어서다. 입주물량이 과거 수준을 웃돌고 경남과 충남 등의 초기분양률이 하락하는 등 지표상 좋지 않은 징조가 나타나고 있다. 이미 건설사들의 영업이익은 2018년 상반기 정점을 찍었다고 한은은 평가했다. 여기에다 정부의 강력한 수요 억제책인 '9·13 부동산대책'이 시행됨에 따라 시장에 어떤 폭풍우를 일으킬지 알 수 없다. 공급이 수요를 초과하고 가격이 하락할 경우 미분양·미입주가 늘어나는 건 자연스런 이치다. 분양률과 입주율은 주택사업의 처음과 끝일 정도로 중요하다. 한국기업평가에 따르면 미분양은 사업비 전액 손실을 가져오고, 미입주는 사업 현금흐름을 악화시킨다.

미분양과 미입주가 늘어 가장 먼저 취약해지는 곳이 부동산PF 시장이다. 최근의 PF 구조는 과거에 비해 복잡해졌다. 시공사와 신탁사, 금융사가 준공이나 분양 위험을 분담하는 식으로 다변화됐다. 신탁사들은 '책임준공부 신탁상품'을 팔고, 증권사는 건설사의 신용위험을 대신하고 있다.

이런 상황에서 과거 저축은행 사태처럼 PF 부실사업장이 쌓이고 건설사가 쓰러질 경우 불똥이 어디로 튈지 예단하기 힘들다.

시장은 당연히 작은 충격에도 민감하게 반응하고 우왕좌왕할 공산이 크다. 신용 경색이 오면, 뒤늦게 PF에 집중한 중소 증권사나 캐피털사, 지방 주택시장에 올인한 중소 건설사들이 제일 먼저 타격을 입을 가능성이 적지않다. 부동산경기

하강이 현실화하기 전에 잠재 위험을 검토하고 선제적으로 대비책을 마련해야 할 것이다.

28

책임준공 부담 덜어줄
금융상품 나와야

　최근 몇년간 부동산금융 시장에서의 가장 큰 변화는 건설사들의 리스크 축소다. 건설사들은 프로젝트파이낸싱(PF)대출과 관련해 채무인수나 지급보증 없이 책임준공(시공사가 건물을 책임지고 준공하겠다는 약속) 역할에 머물렀다. 그도 그럴 것이 글로벌 금융위기를 겪으면서 건설사들은 PF 우발채무로 크게 데었다. 당시 미분양으로 시행사들이 줄줄이 부도 처리되자 건설사들은 고스란히 사업 리스크를 떠안아야 했다. 이런 PF 우발채무 탓에 워크아웃이나 법정관리에 들어간 기업이 적지 않다.

한바탕 홍역을 치른 뒤 대형사를 중심으로 '지급보증 No. 책임준공 Yes' 카드를 들고 나왔다. 투자자 보호를 위해 PF 우발채무를 공시해야 하는 등 회계처리 기준이 엄격해진 점도 지급보증에서 발을 빼게 한 원인이다. 증권사들이 시공사의 신용 공여 행위를 대신했다. 이를 발판삼아 한국투자증권 메리츠종금증권 등 중대형 증권사들은 투자금융(IB) 영업수익의 절반 이상을 부동산PF에서 거뒀다. 책임준공의 영역 내로 건설사의 리스크를 한정한 것은 부동산PF시장의 진화를 의미한다. 건설사와 금융사가 개발 이익을 공유하다가도 위기가 닥치면 건설사들이 책임을 뒤집어쓰던 관행을 벗어났기 때문이다.

그런데 최근 들어 책임준공 역시 여러 문제를 안고 있는 점이 드러나고 있다. 우선 계약 기간 내 건물 준공을 하지 못할 경우 손해배상을 하거나 채무를 또 다시 떠안아야 하는 등 시공사들이 여전히 상당한 리스크를 안고 있다. 때문에 금융권은 책임준공 의무를 다할 수 있는 우량 건설사를 상대로 PF 대출을 제공한다. 소위 말하는 회사채 신용등급 A급 이상 건설사들이다. 이 기준대로라면 10여개 건설사만 부동산 PF를

만질 수 있다. 신용도가 금융권 눈높이를 맞추지 못하는 상당
수의 건설사들은 PF시장에서 문전박대를 당하고 있다. 물론
주택도시보증공사(HUG)나 주택금융공사가 중소 건설사에 PF
보증을 제공한다. 그러나 조건이 까다롭다. 우량 주택사업지
에만 한정되는데다 그나마 토지비 PF만 가능하며 공사비 대
출은 어렵다.

중소 건설사는 PF시장에 진입하지 못하고 대형 건설사는
준공 리스크에 속태우는 현실을 감안할 때 PF저변을 한번 더
넓힐 수 있는 새로운 금융상품 개발의 필요성이 대두되고 있
다. 변화의 움직임은 시장에서 관측된다. KB금융과 하나금융
등 은행지주계 부동산신탁사들이 책임준공 보증을 포함한 관
리형 토지신탁상품을 내놓고 있다. 그러나 대출금융기관들이
낯설어 하고 있어 시장 안착이 아직은 쉽지 않다.

이에 일정 수수료를 내면 건설사의 준공리스크를 담보할
수 있는 보증보험상품을 도입해야 한다는 의견이 제기되고
있다. SGI서울보증이나 건설공제조합이 공공공사에 한해 공
사이행보증(준공 보증) 상품을 판매하고 있는 것처럼 이와

유사한 상품을 민간 건축공사에도 확대하자는 개념이다. 그간 부동산PF시장은 여러 파고를 넘으면서 진화를 거듭해왔다. 이번에는 '책임준공의 금융화'가 시장의 화두로 떠올랐다.

29

위기와 기회 앞에 선 '책임준공 신탁'

한 대형 부동산신탁사의 사장은 개발신탁을 맡은 사업장의 시행사를 만나지 않아도 책임준공 신탁을 해준 사업장의 시공사는 방문한다고 한다. 시공사를 대신해 책임준공을 보장했으므로 시공사를 믿을 수 있으냐에 대한 확인이 필요해서다. 〈나는 디벨로퍼다〉의 저자 여의도 김박사(필명)는 부동산 프로젝트파이낸싱(PF)시장에서 책임준공이 가장 중요하다고 강조한다. 그는 "미확정 담보물을 기초자산으로 대출을 해주는 게 PF이다 보니 이를 담보가치가 있는 건물로 바꿔주겠다고 약속하는 책임준공이 제일 중요하다"고 역설했다.

책임준공이 PF시장에서 해결사 역할을 하다보니 책임준공 신탁의 존재감도 갈수록 커지고 있다. 책임준공이 시공사가 기한 내 건물 준공을 책임지는 것을 말한다면 책임준공 신탁은 시공사 부도로 기한 내 준공하지 못할 때 신탁사가 그 의무를 대신 부담하는 상품을 의미한다. 사고시를 대비한 보험 상품으로, 신탁사는 수수료로 사업 매출의 2%를 받는다. 책임준공을 확약할 수 있는 시공사는 대형 시공사 20~30곳 정도다. 대출 금융기관이 신뢰할수 있는 우량 신용등급의 기업들이다. 그런데 신탁사가 책임준공 보증을 대신하는 상품을 출시하면서 중소 시공사도 책임준공 확약없이 PF에 참여할 수 있는 길이 열렸다. 책임준공 신탁이 큰 인기를 끌자 KB부동산신탁·하나자산신탁 등 금융지주 계열 신탁사들이 수조원대의 관련시장을 싹쓸이했다. 책임준공 신탁사는 시공사와 동일한 대접을 받기 때문에 신용도가 높은 금융지주 계열 신탁사가 유리하다.

이런 가운데 책임준공신탁 시장에도 적잖은 변화가 예고된다. 신한금융그룹이 아시아신탁을 인수한데다, 금융위원회가 부동산신탁사의 건전성 관리를 강화하기로 해서다. 신한금융의 아시아신탁 인수는 책임준공 신탁시장을 확대시킬 요인이다. 아시아신탁이 신한금융 계열사로 편입되면 신용등급이 상향돼 책임준공 신탁사업을 확대할 수 있다. 신한금융 역시 신탁사 인수 이후 책임준공 시장을 우선 공략할 것으로 보인다. PF대출 계열사와의 시너지에다 높은 수수료 수익을 기대해서다.

반면 신탁사의 영업용순자본비율(NCR)에 책임준공신탁의 위험액을 새롭게 반영하기로 한 것은 관련 시장을 위축시킬 요인으로 꼽힌다. 금융위원회는 책임준공 신탁의 잠재적 지급위험에 따른 위험액을 산정해 NCR에 반영하도록 NCR 산정방식을 개선하기로 했다.

신탁사가 시공사를 대신해 손해배상 책임을 질 수 있으므로 이런 위험을 반영하겠다는 것이다. 이 경우 책임준공 신탁사들의 자본 확충이 불가피하다.

신탁사가 책임준공 신탁상품을 내놓으면서 PF시장의 저변이 확대됐고 발전을 이뤘다. 중소 시공사가 개발사업에 참여할 수 있고 금융사가 신탁사를 믿고 PF자금을 대출해줄 수 있게 됐다. 해결사 역할을 한 신탁사는 그만큼 리스크를 짊어진 것 또한 사실이다. 이제 시장 변화에 맞춰 신탁사들은 리스크에 대한 시스템 구축을 다시 한번 점검해야 한다. 금융당국도 NCR 부담에 따른 갑작스런 시장 냉각을 불러오기 보다는 점진적인 규제 개선으로 연착륙을 유도해야 한다.

◆ 금융용어 : 영업용순자본비율 [NCR·Net Capital Ratio]

　금융투자회사의 영업용순자본(자기자본에 비유동성 자산 등을 차감)을 총위험액(보유자산의 손실예상액)으로 나눈 값을 백분율로 표시한 것이다. 이는 은행의 BIS비율이나 보험회사의 지급여력비율과 마찬가지로 금융투자회사의 재무건전성을 나타내는 지표이다. 영업용순자본비율제도는 증권회사의 파산시 고객 및 이해관계자를 보호하기 위하여 1997월 4월 1일부터 도입된 자기자본 규제제도이다. 현재 영업용순자본비율은 금융투자회사에 대한 적기시정조치의 기준 및 각종 인허가시 기준비율로도 활용되고 있다. (자료=금감원)

30

대박 터뜨린
부동산신탁 오너들

신한금융이 최근 아시아신탁을 인수했다. 지난 2018년 11월 31일 지분 60%를 1934억원에 인수한 데 이어 잔여 지분 40%는 2022년 이후 가격을 재산정해 취득하기로 했다. 현 가치 매매가는 대략 3200억~3500억원으로 추산된다. 이로써 조용병 신한금융 회장은 그룹의 숙원인 부동산신탁시장 진출에 성공했다. 이번 딜 성사로 꿈을 일궈낸 이가 또 있다. 아시아신탁 최대주주이자 실질 오너인 정서진 부회장이다. 정 부회장(32%)을 포함한 특수관계인은 지분 79.15%를 팔아 수천억원 돈방석에 올랐다. 정 부회장은 지난 2007년 신탁업 인가를 받고 자본금 100억원대 회사를 세워 11년 만에 30배 이상의 가치로 팔게 된 것이다. 그는 세계일보 편집국장과 논설위원, 경영전략본부장 출신의 언론인으로 뒤늦게 부동산업계에 뛰어들었다.

부동산신탁사로 대박을 터뜨린 이는 정 부회장뿐이 아니다. 이병철 KTB금융그룹 부회장은 지난 2010년 자신이 창업한 다올부동산신탁을 하나금융에 1000억원에 매각했다. 비슷한 시기 문주현 MDM그룹 회장은 자산관리공사의 자회사인 한국자산신탁을 '50%+1주' 인수 조건으로 721억원에 샀다. 이후 한국자산신탁은 지난 2016년 상장했는데 2018년 11월 시가총액은 4420억원에 이른다. 단순 계산으로 3배 이상 기업가치가 커진 것이다. 코람코자산신탁 창업자인 이규성 전 재정경제부 장관도 자신의 보유지분(5.4%)을 포함해 총 46% 지분을 1600억원에 매각한다. 패션기업 LF가 조만간 잔금 납입을 마치면 코람코의 새 주인이 된다.

부동산신탁사를 창업하거나 인수한 이들이 큰 시세차익을 거두자 관련 기업을 거느리는 게 업계 종사자들의 로망이 됐다. 한 부동산 시행사 사장은 "디벨로퍼 최고 목표이자 부동산개발의 꽃은 자산운용사나 증권사가 아니라 부동산신탁사를 소유하는 것"이라고 말한다. 물론 부동산신탁업이 황금알을 낳는 거위로 성장한 데는 정부의 높은 보호 장벽과 전직 고위관료 영입을 통한 영향력 등이 적지않게 발휘했다. 신탁업 설립에는 정부 심사와 예비인가, 본인가 등 까다로운 절차가 뒤따른다. 정부는 최근 시장 울타리가 높다고 보고 최대 3개를 새롭게 인가해주기로 했다. 그렇다고 오너들이 운 좋게 돈방석에 오른 것은 아니다. 지금은 부동산신탁업이 '머스트 바이 아이템' 됐지만 10여년 전만 해도 모든 사람들이 블루오션으로 바라본 것은 아니다. 업종의 미래를 내다보는 혜안이 있던 이는 소수에 불과했다.

다올신탁의 이병철 창업자는 회사 설립시 주주 유치를 위해 100곳 이상의 금융사를 돌며 부동산신탁사가 뭐하는 곳인지 프레젠테이션을 해야만 했다. 아시아신탁의 정 부회장도 수십 배 가치에 팔릴지는 창업 초기에 미처 알지 못했을 것이다. 당시 글로벌 금융위기 전후에 부동산 경기가 상당히 침체되던 때 큰 모험을 감행한 것이다. 대박을 터뜨린 신탁사 경영인들은 미래를 내다보고 부동산신탁업을 개발사업의 안전판 역할로 일구고 성장시켰다. 부동산업계에는 10년 후를 내다보는 이런 선견지명의 자세가 필요하다.

급증하는 11개 부동산신탁사 이익

(단위 : 억원) 자료:금융감독원

구 분	2014년	2015년	2016년	2017년	상반기 (A)	2018년 상반기 (B)	전년 동기 대비 증감(률)
영업 수익	4,456	5,591	7,862	10,302	4,831	5,889	1,058 (21.9%)
영업 이익	2,037	2,961	4,702	6,705	3,211	3,760	549 (17.1%)
당기 순이익	1,481	2,222	3,933	5,047	2,425	2,853	428 (17.6%)

31

실보다 득 많은
대형 개발사업

요즘 금융사들의 화두는 해외 부동산이나 인프라 투자 확대이다. 뉴욕·런던 등 유명도시의 랜드마크급 실물 투자에 집중됐으나 지금은 수익률을 쫓아 투자대상을 다변화하고 개발사업에도 뛰어들고 있다. 하나금융투자는 국내 개발사업 참여를 줄이고 해외 대체투자로 다각화하는 내용의 내년 사업 전략을 짰다. NH투자증권과 미래에셋대우는 미국 라스베이거스에 들어서는 3조6000억원 규모의 카지노 복합리조트 개발사업의 프로젝트파이낸싱(PF) 금융주선을 맡았다. 개인 자산가들도 해외 투자 행렬에 합류하고 있다. 재건축에 주로 투자했던 강남 아줌마들이 해외 부동산펀드로 눈을 돌리고 있다. 이에 이지스자산운용이 독일 프랑크푸르트빌딩에 투자하는 공모펀드를 내놓는 등 자산운용사들도 고액 자산가 모시기에 나섰다.

이처럼 금융사나 개인 큰손들이 국내를 떠나 해외에서 대체투자 쇼핑을 늘리는 것은 국내에선 각종 규제로 자금 운용이 쉽지 않은데다 투자 대상도 마땅치 않아서다. 한마디로 여유자금은 넘쳐나지만 돈되는 개발사업이 없다보니 해외를 기웃거리고 있는 것이다. 실제 의욕적으로 추진되던 국내 대형 개발사업들은 슬그머니 꼬리를 내린 상태다. 현대차의 강남구 삼성동 105층 글로벌비즈니스센터(GBC) 건립 사업은 인허가가 지연돼 2018년 착공이 무산됐다. 영동대로 통합개발 사업이나 잠실 종합운동장 개발사업도 덩달아 늦춰지고 있다. 여의도와 용산을 통으로 개발하는 마스터플랜도 무기한 보류됐다.

정부가 이들 사업을 스톱시킨 것은 부동산시장을 자극할 것을 우려해서다. 시장을 안정적으로 관리하기 위해선 집값 상승의 촉매제들과 거리를 둬야 하기 때문이다. 또한 서민과 중소기업 중심의 정책을 우선시하면서 이들 대형사업은 정부 정책의 현안에서 밀린 것으로 보인다. 물론 대형 개발사업을 벌이면 부작용이 뒤따를 수 있다. 대기업에 대한 특혜 의심을 살 수 있고 집값 상승의 불쏘시개라는 비판도 받는다. 하지만 잘만 활용하면 여러 경제 효과가 크다. 더욱이 지금은 찬밥 더운밥을 가리기에 경제 상황이 좋지 않다. 한국은행은 2019 년 성장률을 2.8%에서 2.7%로 0.1%포인트 낮췄다. 성장률 전망치 하향은 예상보다 심각한 투자 부진과 고용 쇼크가 복합 작용한 탓이다.

정부가 재정 지출을 확대했지만 경기가 쉽게 되살아나지 않고 있다. 대형 개발사업은 투자와 고용을 동시 늘릴 수 있는 효자다. 잠실 롯데타워를 보면 6년3개월만에 준공되기 까지 연인 원 500만명 이상의 인력이 투입됐다. 총 4조원 투자 가운데 건설단계에서만 4조4000억원의 생산유발 효과를 냈다. 준공 이후에는 관광객 유입 등 부가가치 창출과 취업 유발 효과를 거뒀다. 정부가 유류세 인하와 같은 경기 부양책을 발표했지만 효과를 거둘지는 미지수다. 대형 개발사업은 시중 풍부한 민간 자본을 끌어들여 정부 재정 지출없이 경기 진작에 일조할 수 있다. 해외로 자본이 빠지고 경기가 더욱 가라앉은 뒤 펼쳐봐야 때는 늦다. 소 잃고 외양간 고치는 우를 범해서는 안 된다.

32

종합부동산기업 키워 신시장 열어가자

한국 부동산산업이 큰 발전을 이뤘지만 취약한 게 하나 있다. 글로벌 플레이어와 어깨를 나란히 할 종합부동산기업이 없다는 것이다. 미국 블랙스톤이나 일본의 미쓰이, 중국 완다그룹, 홍콩 청쿵그룹 등 해외에선 부동산을 테마로 원스톱 서비스를 제공하는 유명 기업이 적지않다. 국내 시장에서 종합부동산기업이 익숙치 않은 이유는 시공사 주도의 대량 공급에 익숙해 있어서다. 지금도 좋은 입지에서 짓기만 하면 팔리고 사면 오르고 있다.

그런데 부동산시장에서 조금씩 근본적인 변화가 이뤄지

고 있다. 저성장과 고령화 인구감소 속에 부동산시장은 잘되는 곳과 안되는 곳으로 양극화되고 있다. 또 소비자들의 눈높이가 높아지고 수요도 다양하게 바뀌고 있다. 도심 땅값이 치솟으면서 고밀 복합개발 역량을 갖춘 기업을 시장은 필요로 하고 있다. 이런 새로운 트렌드에 따라가려면 부동산 관련 전문경험과 정보를 갖추고 토털 솔루션을 제공하는 종합부동산기업이 등장해야 한다. 건설사와 금융사들도 그간 부동산 호조 속에 각자의 역할을 하며 수익을 냈다. 그러나 앞으로는 단순 분양보다 개발과 운용을 함께하면서 부가가치를 더 창출해야 하는 시대가 됐다. 수익을 더 높이는 포트폴리오 확대가 불가피해진 것이다.

하나금융경영연구소에 따르면 일본 주택시장 버블이 터진 이후 미쓰이 미쓰비시 등 일본 부동산 종합그룹은 주택과 상업용부동산 분양과 임대운영, 실물과 금융투자 사이의 포트폴리오 배분을 통해 연간 10% 이상의 이익을 올리고 있다. 반면 시공에만 치중했던 대형 건설사는 만성적 저수익에 시달리고 있다. 이런 상황을 반영하듯 건설사, 디벨로퍼, 금융사들이 종합부동산기업으로 외형을 확장해가고 있다. 현대산업개발은 부동산 114 인수와 조직개편을 통해 종합부동산기업으로의 변신을 꾀하고 있다. 부동산114의 다양한 정보를 활용해 개발사업 관련 역량을 강화한다는 계획이다. 계열사인 HDC자산운용의 펀드와 리츠 겸업 인가를 취득한 것이나 최근 건설사업본부 개발운영사업부 경영기획본부 등 3본부 체제로 조직을 개편한 것도 종합부동산기업으로 탈바꿈하기 위한 포석으로 해석된다.

디벨로퍼인 MDM도 자금력과 네트워크, 시너지를 내는 종합부동산기업으로 변신해가고 있다. 기존 부동산개발, 부동산신탁, 여신금융, 자산운용 자회사를 만들어 국내 처음으로 부동산금융개발을 아우르는 수직 계열화에 성공했다. 여의도 증권가도 변신의 움직임이 관측된다.

이병철 KTB금융그룹 부회장도 종합부동산기업에 도전할 가능성이 크다. 다올부동산신탁 창업자이자 하나금융그룹 부동산그룹장 출신인 이 부회장의 오랜 꿈은 글로벌 종합부동산기업을 육성하는 것이다. 이밖에 부동산금융 전통 강자인 메리츠금융그룹도 비슷한 움직임을 보이고 있다. 이들 기업들은

현재 안주하기 보단 시장 변화에 고민하고 능동적으로 대처해
가고 있다는 점에서 긍정적인 평가를 받고 있다. 그러나 단순
한 사업구조 개선이나 보여주기식 다각화로 그쳐선 안 된다.
미래의 부동산가치를 선도적으로 보여줄 때 국내는 물론 해외
에서도 종합부동산기업 이름을 드높일 수 있을 것이다.

2 / Chapter

인프라금융,
미래 먹거리는?

01

'안방용'이미지 아까운
한국 민자산업

지난 1994년 '민간투자법' 제정 이후 국내 민자산업은 눈부신 성장을 거듭했다. 민자 운영자산은 100조원을 훌쩍넘어 세계 2위 규모다. 전 세계 금융권을 상대로 한 민자(PPP)분야 실적순위(리그테이블)에선 산업은행이 10위 내 들 정도로 한국 금융권의 위상이 높아졌다. 건설사들의 경쟁력에 힘입어 민자 시설이 다양화됐고, 산업은행이 주도하던 금융을 국민·신한은행 등 시중 은행이 다하고, 연기금 보험사들이 뛰어들면서 파이낸싱시장도 활성화됐다. 민자 및 금융업계는 몇년 전부터 국내 인프라수요가 줄어들면서 해외 민자사업으로 눈돌리고 있다. 정부와 건설사 금융기관이 국내시장서 오랜기간 호흡을 맞춰온 터라 자부심도 크다.

　　그러나 해외 무대에서 아직 이렇다할 성과를 내지고 못하고 있다. 그 이유에 대해 업계 전문가들은 여러 분석을 내놓는다. 우선 해외 민자시장 규모가 얼마나 되고 진출 가능한 지역 및 딜에 대한 정보가 제대로 없다. 관련 협회가 플랜트 중심이다 보니 민자 관련 정보를 좀체 구하기 어렵다고 업계는 하소연한다. 우리의 주요 타깃이 개도국이다보니 금융 리스크가 크다는 점도 걸림돌이다. 수출입은행과 무역보험공사가 해외 민자사업에 대한 보증을 제공한다.

　　그러나 이들 기관은 사업성 검토보다는 국가신용등급과 정치적 위험을 따져 보증여부를 판단한다. 개도국 민자사업 진출이 어려운 이유다. 민자 사업성을 장기간 검토해온 보증기관인 신용보증기금(구체적으로는 산업기반 신보)는 민간투자법에 따라 설립돼 국내 SOC시설에만 보증할 수 있다. 외국정부가 민자 참여 요구사항으로 일정규모 이상의 운영실적을 요구하는 점도 장애물이다. 공기업들이 운영을 독점하다시피하고 우리 기업들은 시공에만 치우치다보니 운영경험이 있는 공기업들과 컨소시엄을 이뤄야 사업을 따낼수 있다. 그러나 공기업의 해외 진출시 거쳐야 하는 '예비타당성 기준'이 엄격해 이를 통과하기 어렵다. 민자업계는 △정보 부족과 △높은 리스크로 인한 자금조달 곤란 △인프라 운영실적 부재 등의 3중고를 겪고 있는 셈이다.

이들 장애물은 그러나 조금만 신경쓰면 우리 스스로 충분히 해결할 수 있는 것들이다. 자금조달 문제만 해도 신보가 사업성을 검토해 보증하고 국내 은행들이 보증부 대출에 나서면 해결될 일이다. 이를 위해 민간투자법을 개정해 신보의 기본재산을 확충하고 보증대상도 해외로 넓히면 된다. 제도를 잘 갈고닦은 정부와 경험이 풍부한 건설사, 구조화능력이 뛰어난 금융사, 사업성을 전문으로 검토하는 신보까지. 해외에 나가도 전혀 손색이 없다. 정부는 우리 민자 제도를 배우러 오는 국가들부터 공략할 수 있는 마스터플랜을 시급히 짜야 할 것이다. 국내 민자산업이 안방용으로 묻히기에는 20년 넘게 쌓아올린 경쟁력이나 노하우가 아깝다.

02
민자사업 해결사,
정책자금 효과 크다

지난 2009년 최소수입보장제도(MRG) 폐지 이후 민자시장은 암흑기를 맞았다. 이에 기획재정부는 지난 2015년 4월 이를 타개할만한 다양한 활성화 방안과 진작책을 내놓게 된다. 위험분담형(BTO-rs)·손익공유형(BTO-a) 등 새로운 민자 구조를 도입하는 한편 투자제약 요인을 해소하고 자금지원 확대에 나섰다.

그러나 본격적인 정책 효과가 나타나지 않고 있다. 그 이유에 대해 박수진 건설산업연구원 연구위원은 "rs와 a 방식 중 어떤 것을 선택하느냐에 대해 사업주들의 고민이 아직 크다"

면서 "주무관청은 주무관청대로 운영기간 중 정부보조금 발생 가능성에 대한 걱정으로 선뜻 실행에 나서지 못하고 있다"고 설명한다. 결국 새로운 모델을 도입하려면 민자사업에 대한 지자체와 시민들의 공감대와 절실함이 더 커야 하겠다. 또 a 와 rs는 위험분담 방식이 어떻게 다른지 시범 모델을 실제 적용해봐야 장단점이 분명해져 본격 확산될 것으로 전망된다.

그나마 성과라면 장기 지연됐던 사업들이 새로운 자금조달 모델을 앞세워 금융약정과 착공에 성공한 것이다. 그 주인공 은 한국인프라투자플랫폼(KIIP)과 기업투자촉진프로그램이 다. 영국의 IIP를 본뜬 KIIP는 산업은행 국민연금 교원공제 회 보험사 등이 참여한 투자협의체다. 국내 인프라사업 지원 을 위해 4조5000억원 규모로 운용된다. 기업투자촉진프로그 램은 민자SOC나 신성장산업 투자와 관련, 민간의 리스크를 덜기 위해 33조원 규모로 운용된다. 정책자금으로 민간투자 액의 절반까지 부담하는 매칭펀드 방식이다. 산은에 투자 신 청서를 내면 사업성을 검토한 뒤 금융약정을 체결한다. 두 프 로그램의 활약은 눈부셨다. 사업주 변경으로 장기 지체되던 '부산신항 2-4단계 컨테이너부두'와 '신림선 경전철사업'이 기업투자촉진프로그램을 활용해 지난 2015년 자금조달 물꼬를 텄다. 2016년에는 KIIP와 기업투자촉진프로그램이 쌍끌이로 활용됐다. 두 자금지원 수단에 힘입어 신분당선(용산~강남)과 대곡~소사 복선전철이 금융약정을 거쳐 첫삽을 떴다. 서울제물포터널도 금융약정을 완료했다. 아쉽지만, 민자사업을 떠받치던 쌍기둥 중 하나인 기업투자촉진프로그램이 지난 2006년 종료됐다.

한국 경제 성장률의 상당부분을 건설투자, 그중에서도 주택공급이 기여했다. 하지만 주택경기는 이미 식고 있다. 정부의 공공 SOC 예산은 매년 큰폭 감소하고 있다. 따라서 정부가 경제성장률을 지탱하고 건설업의 연착륙을 달성하기 위해서는 민자 SOC를 더욱 활성화해야 한다는게 전문가들의 공통된 시각이다. 그러면 어느 대책의 효과가 클까. KIIP나 기업투자촉진프로그램이 시장에서 해결사 역할을 하고 약효도 가장 뚜렷하다는 점이 입증됐다. 정부가 민간자금을 끌어들일수 있는 투자자금 지원프로그램을 지속적으로 내놔야 하는 이유가 여기에 있다.

03

한계에 직면한 BTO사업, 개선책 찾아야

과거 의정부 민자 경전철의 파산 신청을 계기로 '수익형 민자사업(BTO)'이 한계에 직면한 것 아니냐는 지적이 나온다. BTO는 사업자가 민간 자본을 조달해 SOC를 건설한 뒤 일정 기간 운영해 투자비를 회수하는 방식이다.

사업화 여부는 철저히 교통량에서 갈린다. 따라서 교통 수요 예측을 꼼꼼히 따져야 한다. 그런데 예상 교통량을 낙관하고 이에 기반해 사업을 진행하다 보니 준공 후 부실화되는 사례가 늘고 있다. 2017년초 파산을 신청한 의정부경전철은 지난 2012년 7월 개통된 뒤 승객 수가 예상에 미치지 않아 지난 2016년 말 기준 누적 적자 2200억원을 기록했다. 애초 하루 7만9049명이 이용할 것으로 예상했지만 개통 초기 1만 5000명 수준에 불과했고 수도권 환승할인과 경로 무임승차를 시행했는데도 3만5000명에 그쳤다. 신분당선 강남~정자 구간도 예상 운임수입의 50%를 밑돌고 있다고 한다. 정부는 뒤늦게 교통량 추정방식을 세밀하게 바꿔 지난 2016년부터 사업 심사시 적용하고 있다.

교통량을 보수적으로 계산한 결과 새 BTO사업이 타당성 조사를 통과하기가 어렵다. 게다가 수요예측을 현실화하면서 사업비도 덩달아 박해졌다. 신안산선 복선전철 사업은 민간 사업자를 찾는데 우여곡절을 거쳤다. 공사비가 적어 투자비 회수가 쉽지 않은 탓에 주요 건설사들이 기피했다. 기존 BTO를 개선한 위험분담형(BTO-rs) 방식을 처음 적용한 사업이지만 시작부터 삐걱댔다.

민간 SOC투자는 경기 부양 효과가 크다. 경제를 살리고 일자리를 창출하는 등 여러가지 순기능이 있다. 민관합작방식 (PPP)의 인프라 재건이 미국 트럼프 정부의 우선 순위에 오른 것도 이 때문이다. 우리도 한계에 직면한 BTO사업을 방치할 수는 없다. 그렇다고 땜질식 처방을 되풀이해선 안 된며, 종합적인 시각에서의 접근이 필요하다. 전문가들은 해외 선진국이 도입한 AP(Availability Payment) 방식의 도입을 검토할 필요가 있다고 조언한다. 민간의 위험을 줄이면서 최소한의 수익률을 보장해 주는 방식이다. 민자사업 전문 디벨로퍼를 육성해야 한다는 주장도 제기된다. 시공사가 아닌 디벨로퍼나 재무투자자가 사업을 발굴해 제안하는 방식이 대안이 될 수 있다는 것이다. 지금은 출자자인 시공사가 수의 계약을 통해 시공하고 그 이윤으로 투자비를 회수한다. 시공사가 사업 제안하는 이 같은 현 방식은 투자비 회수를 위해 공사비를 부풀려 책정하는 문제점이 있다. 디벨로퍼가 시행을 총괄하고 공개경쟁 입찰을 붙여 건설 도급을 주면 시공단가를 낮출 수 있다는 점은 부동산 개발시장에서 검증됐다. 정부 주무관청 시공사 금융권 등 이해관계자들이 기득권을 내려놓은 채 새로운 해법을 모색할 시점이다.

04

안방서 길잃은 터주대감
산업은행, 해외로 눈돌려야

은행들은 기업을 상대로 자금을 대주는 만큼 다양한 기업들과 네트워크를 구축하기 쉽다. 때문에 고객사의 인수나 투자 개발 정보 등 각종 딜 정보를 먼저 접한 뒤 이에 대한 자문이나 금융주선을 해준다. 해외 프로젝트파이낸스(PF)시장 역시 마찬가지다. 사업주인 글로벌 디벨로퍼들이 도로나 플랜트, 신도시 등 각종 개발사업을 벌일 때 우선 금융권과 호흡을 맞춘다. 어떤 사업이든 자금조달이 가장 중요하기 때문이다. 국내 은행들이 해외 PF시장에 많이 참여할수록 우리 기업들의 해외 진출 기회도 늘어난다. 가령 사업주가 EPC(설계·구매·시공)기업을 물색할 때 금융 파트너는 국내 기업을 소개해줄 수 있는 것이다. 바꿔 말해 국내 건설사들이 금융권 도움없이 스스로 해외시장을 개척하기란 여간 어려운게 아니다. 진출을 원하는 국가에 대한 제도, 관행에 어두울뿐 아니라 사업 정보도 부족하다.

국내 인프라PF의 터줏대감인 산업은행이 앞으로 해외PF시장 진출을 확대하기로 했다. 산은이 최근 내놓은 혁신방안에 따르면 산은은 해외PF 참여를 통한 금융 코디네이터(Coordinator) 역할을 강화하는 한편 금융자문을 통해 국내기업의 인프라사업 수주를 지원할 계획이다. 그간 뉴욕과 싱가포르 런던 베이징 등 4곳에 PF데스크를 운영하면서 해외 진출 준비를 차근히 다져왔다. 산은의 해외 PF진출은 일본 등 경쟁국에 비해 뒤졌지만 레드오션화된 국내 민자시장을 고려하면 당연한 결과다. 산은은 지난 1994년 사회간접자본팀을 신설한 뒤 인천국제공항도로 민자사업 등 국내 민자사업 관련 금융을 지배해왔다. 이후 국민은행 신한은행 농협은행이 민자시장에 뛰어들었고 참여 금융사는 계속 늘고 있다. 풍부한 시중유동성이 상대적으로 안정적으로 평가받는 인프라사업에 몰리고 있어서다.

금융사에 비해 민자사업 규모가 줄어들면서 과열 출혈경쟁이 나타났다. 주선권 확보를 위해 금리와 수수료를 덤핑하는 일이 비일비재했다. '서부간선도로 지하화사업' 역시 금융 완화 조건에 대한 시비와 우여곡절 끝에 자금을 모집할 수 있었다. 이 같은 환경에서 민간은행과의 경쟁을 자제하기 위해 산은이 해외로 눈을 돌린 것이다. 산은은 그간 국내에서 닦은 민자사업 경험과 지식을 해외에서도 보여주느냐의 시험대에 올랐다. 글로벌 디벨로퍼를 고객으로 끌어들이고 우리기업과의 해외 동반 진출을 늘리고, 나아가 해외 투자개발형 사업으로 발을 넓혀야 한다. 해외에서도 'PF명가'로 통해야 산은이 다시 부흥하는 길이다.

05

피맥(PIMAC) 문턱서
좌절하는 민자사업

"20건이나 사업 제안이 올라갔지만 한 건도 통과하지 못하고 있어요. 건당 설계용역비를 50억원만 잡아도 1000억원의 자금이 묶여 있는 건데 허송세월을 보내고 있습니다." 민자사업 관계자들은 요즘 답답함을 토로한다. 한국개발연구원(KDI) 공공투자관리센터(PIMAC)의 높은 문턱 앞에서 속앓이를 하고 있어서다. 민자사업은 PIMAC의 경제성 통과가 첫 관문이다. 2017년 기준 도로·철도 16건과 환경사업 4건 등 20건의 사업 제안서가 PIMAC의 경제성 심사 단계에 붙잡혀 있다고 한다. 사정이 이렇다 보니 가장 직접적인 피해를 보는 이는 사업 제안자이자 시공사인 건설사들이다. 적잖은 시간과 비용을 투입해 사업 제안을 해놓고 PIMAC의 답변만 무작정 기다리고 있다. 다른 데 투입할 인적자원이나 기회비용을 그 대로 날리고 있는 셈이다.

PIMAC의 경제성 확보 분석을 통과하려면 '비용 대비 편익 (B/C)'이 1을 넘어야 한다. 업계는 이 비용대비 편익 선정기준이 지난 2007년 만든 것이라 최근 트렌드를 반영하지 못하고 있다고 하소연한다. 그간의 여러 경제적 환경변화를 편익으로 인정해달라고 해도 PIMAC이 10년 전 잣대만 들이대고 있다는 것이다. 예를 들어 민간 하수처리시설의 경우 '생물학적 산소요구량(BOD)'이나 '총인(TP)' 외에도 '총질소(TN)'도 계량화해 편익으로 넣어달라는 게 업계의 요구사항이다. 물론 PIMAC의 결정이 신중해야 하는 게 당연하다. PIMAC의 잘못된 타당성 하나에 자칫 수천억원의 세금이 낭비될 수 있어서다. 경제적 타당성이 떨어지는 사업을 추진했다가는 감사원 감사의 표적이 된다. 그렇더라도 지나친 보신주의와 조직의 안위는 민자시장 활력을 떨어뜨린다. 정부의 SOC 공공예산이 갈수록 줄어드는 상황에서 민간 자본을 끌어들여 사업을 창출하는 것은 가장 효율적인 경기 진작책이다. 지난 2015년

4월 정부가 민간투자 활성화대책을 내놓은 것도 이 때문이다. 정부가 민자활성화 기조로 돌아선 만큼 관련 공공기관인 PIMAC도 보조를 맞춰야 하지만 실제로는 손발이 맞지 않는 모양새다.

우리보다 10~20년 먼저 인프라 노후화를 겪고 있는 일본은 인프라에 대한 유지보수 투자에 적극적이고 선제적으로 대응하고 있다. 반면 한국의 투자 규모와 방식 모두 노후화 속도를 따라가지 못하고 있다. 건설산업연구원에 따르면 일본은 국가 차원의 '인프라 장수명화기본계획'을 만들어 전체 SOC예산의 35%를 인프라 유지보수와 갱신 비용에 쓰고 있다. 우리는 사건·사고가 터진 뒤에야 사후 대응에 나서는 실정이다. 낙후된 인프라를 대체할 신규 시설을 제때 공급하지 않으면 수요자인 국민들이 누릴 서비스를 그만큼 받지 못하는 것과 다름없다.

PIMAC은 여러 사업을 검토하고 거르느라 지금도 많은 노력을 쏟고 있다. 그러나 장기 표류상태인 신규 민자시장을 활성화하려면 발상의 전환이 필요한 것도 현실이다. 그 첫 단추

를 꿰는 것은 어렵지 않다. '비용 대비 편익 산정'기준이 시
대에 뒤쳐졌다면 현실화하거나 신규 편익 항목에 대한 다각
적 접근법이 필요하다.

06 민자 전문인력의 수난

최근 한 대형 건설사가 민간투자(민자)를 담당하던 임원을 퇴직시켰다는 소식에 업계가 술렁댔다. 베테랑급 임원의 퇴장을 씁쓸하게 받아들이면서도 결국 올 게 온 거 아니냐는 반응이 나오고 있다. 민자사업의 쇠퇴와 맞물려 관련 인력의 이직과 전담 조직의 해산이 급속히 진행되고 있다. 민자 담당 전문 임원이 없어지고 대신 한 임원이 민자와 공공공사 업무를 겸임하는 사례가 늘고 있다. 지난 2017년 5월 또 다른 건설사의 민자 담당 부장은 이런 시류를 견디지 못한 채 짐을 챙겨 금융자문사로 이직했다. 민자 인력의 수난은 일감 감소에 따른, 어쩌면 자연스런 현상이다. 건설기업들이 제안한 여러 사업들은 한국개발연구원(KDI)의 적정성 조사 문턱을 통과하지 못한 채 겨울잠을 자고 있다. 신규 일거리가 부족하니 경쟁은 더욱 심화되고 수주 실패에 대한 경영진의 문책은 가혹해지고 있다. 이익을 내야 하는 기업 입장에서는 근로자들을 일이 많은 곳으로 배치해야 하는 건 인지상정이다. 경기 동향과 정부정책에 민감한 건설사들은 더욱 그렇다. 문재인정부의 100대 국정과제에 따르면 건설산업이 부흥할 곳은 '도시재생'이어서 이 분야 전환배치가 활발하다고 한다. 그나마 민자 가운데 살아남을 분야는 광역급행철도(GTX), 폐기물처리나 물 사업과 같은 친환경 분야다. 있던 민자사업도 재정으로 돌리는 판이어서 관련 인력들의 불안감은 더 크다. 서울~세종 고속도로의 안성~세종 구간은 민자 방식으로 추진할 계획이었다. 그러나 이를 예산으로 하는 재정사업으로 전환하는 방향으로 바뀌었다. 민자보다 통행료를 낮춰 이용자 부담을 낮추기 위해서다. 국내 사정이 이렇다보니 금융사들도 같은 고민을 하고 있다. 금융사들의 인프라 인력은 기존 운영사업의 리파이낸싱(자금재조달)이나 해외 투자사업으로 눈을 돌리고 있다. 민자 금융의 터줏대감 산업은행 프로젝트금융(PF)본부는 해외 PF시장 개척을 액션플랜으로 짰다. 파이가 작아지는 국내시장에서는 금융사간 마찰만 키운다는 판단에서다.

흔히 건설업은 장인을 육성하는 산업이라고 한다. 우수한 현장 기술자를 얼마나 확보하느냐가 수주를 크게 좌우해서다. 여기에다 4차 산업혁명이니 하며 우리 사회 구조가 복잡해지면서 최근에는 다양한 인재를 요구하고 있다. 민자 인력들은 사업성은 물론 금융구조를 잘 알아야 하는 고도로 훈련된 전문 인력들이다. 또 민자를 담당하는 팀은 금융, 회계, 법률, 기술, 운영분야의 전문가들로 꾸려진다.

민자사업에 대한 부정적 인식에다 일감 감소 여파로 민자 인력의 퇴출은 계속 대세가 될 전망이다. 관련 인력들이 줄어들면 민자사업 제안 건수가 감소해 이는 다시 민자사업 위축이라는 악순환을 부른다.

국민소득이 늘어날수록 양질의 전문 일자리를 많이 창출해야 하고 이는 곧 국가경쟁력이 된다. 그런데 민자시장의 인재 육성은커녕 애써 키운 인재마저 사장되는 것은 산업적으로나 국가적으로 큰 아쉬움을 남긴다.

07

민자도로-이용자,
윈윈의 길

　인천 송도와 인천국제공항을 잇는 인천대교가 지난 2017년 가을 통행료를 700원 낮췄다. 소형차 기준 대당 6200원에서 5500원으로 약 11.3% 인하된 것이다. 서울 외관순환고속도로 북부(일산~퇴계원) 민자 구간 요금도 2018년 상반기 과거 요금 대비 최소 30% 이상 낮췄다. 문재인 정부가 출범과 동시에 도로 통행료 인하를 독려하면서 꿈쩍않던 민자도로들이 움직이기 시작했다. 국민들 사이에 민자사업에 대한 부정적 이미지가 커지는 상황에서 민자 운영법인들은 요금 인하로 정치 리스크를 덜겠다는 포석이다. 문재인 정부는 도로와 철도의 공공성 강화를 국정과제로 채택했는데 공공성의 핵심은 교통료 경감이다. 통행료가 이렇게 인하될 수 있던 것을 그간 왜 미루고 답보 상태였는지 아연할 따름이다. 인천대교는 협의에 착수한지 4년만에 인하한 것이다. 서울외곽 북부 구간은 재정도로 요금보다 1.7배나 높아 개통 이후 줄곧 국회와 지자체, 이용주민들의 반발을 샀다. 통행료 인하는 민자도로와 이용자 모두에 윈윈이 되는 길이다. 민자도로들은 당초 예상 대비 이용자가 급증한 데 대한 정부와 국민에 대한 보답 차원에서라도 통행료를 인하해야 한다.

정부와 지자체는 각종 사업개발을 통해 민자도로 이용객을 받치고 있다. 예를 들어 인천대교는 매년 이용량이 10%씩 급증하고 있다. 인천 국제공항 이용객이 늘고 있는데다 영종도 주거지와 복합리조트 개발의 후광 효과를 본 것이다. 인천대교의 대주주는 맥쿼리인프라펀드다. 이 펀드가 보유한 유료도로 12개 투자자산의 통행량은 매년 늘고 있다. 민자도로가 재정도로보다 비싸지만 국민들의 이용은 꾸준히 늘고 있다. 내비게이션과 하이패스 보편화에 따라 요금이나 도로에 대한 선택권이 줄어든 때문이다. 실시간 빠른 길을 알려주는 내비를 따라 민자도로의 하이패스 차로를 이용하면 지갑에서 당장 돈을 꺼내는 것보다 이용 거부감이 적다. 여기에다 최근의 저금리 추세 속에 파이낸싱 구조를 잘 짜면 민자 사업자들이 손해를 보지 않으면서 충분히 요금을 인하할 수 있다. 자금 재조달(리파이낸싱)을 거쳐 차입금 이자를 인하하는 방안이 대표적이다. 또 주무관청이 기존 사업자로부터 운영권을 매입해 신규사업자와 낮은 사업수익률로 재계약할 수 있다. 기존 사업자의 운영기간을 더 연장해 통행료를 낮출 수도 있다. 인천대교도 주주간 지분 이동, 유상 감자, 차입금 금리 인하, 미지급이자 지급 등 각종 파이낸싱 기법이 동원됐다. 이 과정에서 최대주주인 맥쿼리펀드는 통행료를 인하했음에도 배당 증가효과가 발생했다. 저금리에다 이용객 증가의 호재를 업은 민자법인들이 통행료 인하에 인색한 것은 지나친 욕심일 뿐이다. 이는 민자도로에 대한 이미지만 나쁘게 만들어 신규 민자도로 건설도 가로막는다.

통행료를 낮추면 그만큼 통행차량이 더 늘어나 수익이 증대되고 이미지가 개선된다. 민자 운영법인이 조금씩 양보하면 도로이용자 정부 민자도로 등 3자가 모두 윈윈할 수 있다.

자 본 구 조			비 고
민간 투자 금액	타인 자본 (80% 수준)	선순위 차입금 (타인자본 중 약 80~85%)	■ 청산 시 최우선 변제 순위 ■ 전체 민간투자금액의 50~55% 수준 　조달 * 해지시지급금으로 충당되는 범위 　내에서 　선순위 조달
		후순위 차입금 (타인자본 중 약 20~15%)	■ 청산시 선순위와 자본금 중간의 　변제순위 * 해지시지급금으로 충당되지 않는 　범위 → 　선순위보다 리스크가 높아 이자율도 　높음
	자기 자본 (20% 수준)	건설투자자 (CI)	■ 지분율 10~20%(전체 　민간투자금액의 2~4%) ■ 시공권 확보를 위한 투자
		재무적 투자자 (FI)	■ 지분율 80~90%(전체 　민간투자금액의 12~18%) ■ 투자수익 및 대출권 확보를 위해 　투자 ■ 투자초기 현금흐름 창출을 위해 　후순위채에 　분산 투자

08

글로벌추세와
엇박자 내는 민자정책

건설사나 금융사들이 해외 민자(PPP)시장에 진출할 때 제
일 먼저 고려하는 게 '정치적 리스크'다. 사업성이 좋아도 정
치적 위험이 크면 돈을 대기도, 공사를 맡기도 곤란하다. 정
치 리스크는 다른 게 없다. 각종 법률과 규제가 복잡하고, 정
부 정책에 일관성이 없으면 들어가지 말아야 한다. 중앙정부
와 지방정부간 인허가 요건이 달라도 토지 수용부터 건설, 운
영에 이르기까지 시간이 오래 걸려 골탕을 먹기 일쑤다. 과거
베트남이나 인도네시아 건설시장에서 우리 기업들이 비싼 수
업료를 낸 것도 정치적 위험과 무관치 않다.

그런데 개도국에서나 흔한 '정책 일관성' 부족 문제를 국내에서도 겪자 민자업계가 당혹스러워하고 있다. 그것도 민자산업이 상당히 발전돼 해외 공무원들이 연수를 오는 국가에서 말이다. 새 정부가 민자사업의 '공공성 확보' 정책을 표방하면서 민자시장이 혼란을 겪고 있다. 민자로 추진된 서울~세종 고속도로의 재정 전환이 대표적이다. 여기에다 민자정책 관리 감독 강화를 위한 입법이 발의되면서 사업 환경이 급변하고 있다.

이 같은 사업 족쇄와 민자시장 축소 움직임은 공공 인프라의 민영화를 적극 유도하는 선진국가와 상당한 엇박자를 내고 있다. 호주는 연방정부의 '자산 재활용 계획(ARI · Asset Recycling Initiative)'에 힘입어 주 정부의 인프라자산 민영화 열기가 뜨겁다. 멜버른 항만과 오스그리드 전력망을 민영화한데 이어 뉴사우스웨일스(NSW) 등기소를 민영화했고, 웨스트코넥스 도로를 민간 사업자에 매각 했다. ARI란 주 정부가 보유한 공공자산 중 현금흐름이 좋은 사업을 매각해 그 매각 자금으로 도로 철도 공항 주택단지 등의 신규 건설 재원으로 쓰는 것을 말한다. 주 정부가 민영화 수입금을 인프라확대에 재투자하면 연방정부가 사업비 15%까지 보조금을 지급한다. 이 경우 인프라 투자 지속을 통한 일자리 창출, 경제 활성화, 인프라 구조 개선 효과를 얻는다는게 호주 정부의 설명이다. 동남아 개도국도 PPP 관련 법령과 제도를 앞다퉈 정비하고 있다. 베트남은 지난 2015년 3월 통합 PPP법령을 공포했다. 교통난과 주택난을 덜기 위한 인프라 확충이 필요하나 예산이 부족하자 해외 합작 투자나 투자자 유치를 위해서다. 글로벌 추세를 볼 때 민자사업을 재정으로 돌리는 국내 정책은 생뚱맞다. 물론 국내의 특수한 환경은 민자업계에도 책임이 있다. 민자도로는 비싸다는 부정적 인식이 확산되는 등 국민들의 신뢰가 떨어졌다.

상황이 이렇더라도 민간자본 활용은 여러 장점이 있다는 것을 부인할 수 없다. 재정 수입 감소와 적자 우려 속에서 인프라는 늘려야 겠고 일자리를 창출해야 하는게 만국 공통의 현실이다. 국내 상황만 주시하지 말고 해외 민자제도가 어떤 방향으로 효율화하는지 시야를 넓혀 봤으면 하는 바람이다.

09

민자투자 막는
보험사 新규제

보험사와 민간투자사업은 찰떡 궁합을 이뤄왔다. 민자사업은 건설 단계부터 준공 이후 민간 운영을 끝낼때까지 20년 이상 걸린다. 보험사 역시 20년 이상의 장기 자산 위주로 투자한다. 보험가입자들이 수십년에 걸쳐 내는 보험료(장기 부채)로 자금을 운용하기 때문이다. 소위 말하는 '자산부채관리(ALM)' 개념이다. 그래서 보험사들이 민자사업의 메인 투자자가 된지 오래다. 교보생명에 따르면 '상주~영천간 고속도로'의 총 사업비(1조7857억원) 중 73%(1주3044억원)를, '대곡~소사철도' 총 사업비(1조3826억원)의 80%(1조1000억원)를 보험사들이 각각 담당했다. 이는 은행이나 연기금 등 다른

투자자를 압도하는 비중이다. 심지어 '봉담~송산 고속도로'의
총 사업비(6156억원) 전부를 보험사들이 댔다.

그런데 끈끈했던 보험사와 민자사업간 관계에 균열이 가기
시작했다. 보험사들에 대한 강력한 투자 규제장치인 '신(新)
지급여력제도(K-ICS)'가 오는 2021년 도입되는 탓이다.

금융감독당국은 새로운 국제회계기준(IFRS17) 도입에 따
른 변화에 대처하고 유럽연합(EU)의 '보험사 건전성 제도(솔
벤시II)와 글로벌 보조를 맞추기 위해 K-ICS를 도입한다. K
-ICS가 도입되면 기존 보험사 자본적정성 평가제도인 '위험
기준 자기자본제도(RBC)'에 비해 리스크계수가 강화된다. 예
를 들어 민자사업 지분 투자에 대한 신용리스크 계수가 현행
RBC 아래 6%인 반면 K-ICS가 도입되면 49%로 껑충 뛴다.
민자사업 주식에 1000억원 투자시 490억원의 별도 준비금을
쌓아야 한다는 얘기다. ALM 차원에서 민자 투자를 꾸준히
늘려온 보험사에는 날벼락이 아닐 수 없다. 부채의 시가 평가
도입을 골자로 한 'IFRS17' 도입으로 골머리를 앓고 있는 상
황에서 또 하나의 큰 두통거리가 생긴 것이다. IFRS 17 기준

을 맞추려 보험사들은 앞다퉈 유상증자와 같은 자본금 증자에 나서고 있다.

이와 관련, 조혁종 교보생명 상무는 "리스크량이 늘어나면 보험사는 지급여력금액을 확충하기 위해 자본금 증자와 같은 부담이 발생해 민자 투자를 아예 못할 수 있다"고 토로했다. 보험사들은 이구동성으로 어려움을 표하고 있다. 그간 민자사업 싹을 틔우고 육성하는 과정에서 보험사의 역할은 지대했다. 보험사들은 민자로 건설되는 도로와 철도 발전소 사업의 자금 안전판 역할을 톡톡히 해냈다. 여기에 더해 국내 투자 경험을 바탕으로 해외 인프라시장 도전을 꾀하고 있다. 이미 동네북이 된 민자사업 입장에서도 보험사마저 떠나면 심각한 위기가 아닐 수 없다.

도입 이전에 아직 시간이 남아있다. 위험이 낮은 민자 투자에 한해 보험사의 신용 리스크부담을 덜어줬으면 한다. 자본건전성을 해치지 않는 선에서 민자사업에 여러 신용보강 장치를 마련하는 방안도 있다. 금융당국과 기획재정부가 머리를 맞대면 보험사와 민자사업 양쪽을 지키는 길을 찾을 수 있을 것이다.

10

민자도로 통행료 인하 이후

서울 외곽순환도로 북부구간(일산~퇴계원) 통행료가 4800원에서 3200원으로 내려갔다. 매일 왕복 출퇴근을 하는 사람의 경우 월 8만원, 연 100만원 가까이 통행료를 아낀다. 파격적인 요금 인하가 가능한 것은 민간 사업자의 운영기간을 30년에서 50년으로 늘렸기 때문이다. 새 사업자인 우리은행과 기업은행은 통행료 인하에 따른 기존 사업자 손실을 보전해주고 대신 기존 사업자 운영기간이 끝나는 2036년 이후 20년간 도로를 운영하게 된다. 운영기간 연장에 따른 추가 수익으로 통행료를 인하한 셈이다.

이런 운영권 연장이 최근 봇물을 이루고 있다. 정부가 민자도로 통행료를 재정도로 수준으로 낮추겠다고 약속했기 때문이다. 교통비 부담 완화를 통해 국민소득 증가를 꾀하겠다는 J노믹스(문재인노믹스) 철학과도 맞닿아 있다. 국토교통부는 여러 민자도로의 통행료를 낮추고 있다. 요금 인하를 위해선 운영기간 연장이 해법으로 제시되고 있다. 뭐든 그렇지만 한번 정해진 요금이 내려가는 것은 순탄하지 않다. 정부의 공공성 확보라는 명분을 위해 사업자와 금융기관들이 양보했다. 운영기간이 수십년 연장되면 자금 회수가 오래 걸리는 탓에 사업자에 부담이 된다.

통행료 인하 움직임에도 아직까지 민자 사업에 대한 부정적 이미지가 개선되지 않고 있다. 민간 사업자가 과다수익을 요구해 요금이 비싸다는 인식이 여전하다. 이를 의식한 듯 당국은 신규 민자사업 추진에 소극적이다. 지난 2015~2016년 민간이 제안한 민자도로 10여개가 한발짝을 나가지 못하고 있다. 기업이 제안한 도로 10여건이 한국개발연구원(KDI) 공공투자관리센터(PIMAC)의 적격성 심사 단계에 묶여 있다. 한국도로공사가 재정을 투입한 재정도로보다 민자도로의 통

행료가 비싸면 적격성 통과가 힘들다고 한다. 그런데 민자도
로는 재정도로와 단순 비교하기 곤란하다는게 업계의 하소연
이다. 재정도로는 물가를 제때 반영하지 않는데다 통행료 수
입이 투자비를 밑돌더라도 정부 유상증자를 통해 건설비를
보전해주고 있다. 이제는 정부가 응답할 차례다. 복지예산 확
대에 따른 재정 부족 보완책으로 민자사업은 좋은 대안이 될
것이라고 전문가들은 말한다. 도시 인프라시설의 노후화 보완
과 각종 안전사고를 예방하기 위해서라도 민간자본 도입은
시급하다. 멈춰 선 민자시장을 다시 돌리려는 당국의 의지를
보고 싶다.

서울외곽순환고속도로 북부구간

11

민자 투자자의
미래 먹거리

정부가 2018년 8월 '민자도로 통행료 관리 로드맵'을 내놨다. 핵심은 재정도로 대비 1.43배 비싼 민자도로 통행료를 오는 2022년까지 1.1배까지 낮추겠다는 것이다. 이로써 민자도로의 통행료 논란은 종지부를 찍을 것으로 보인다. 그간 도로 이용자들은 민자 도로 이용에 대해 반감이 컸다. 같은 도로임에도 민자와 재정 도로간 요금 격차가 커서다. 민자도로 통행료 인하는 기존 도로는 물론 신규 도로에도 적용된다. 정부는 신규 제안 노선이 재정도로 요금 수준인지 검토하고 사업자 점수를 매길 때 가격요소를 중요시 여기기로 했다.

이처럼 민자도로의 공공성이 강화됨에 따라 이용자들의 비용 부담은 경감됐다. 대신 금융투자자들의 어깨가 무거워졌다. 투자 수익률 하락이 불가피해서다. 도로에 이어 철도 사업도 사업자와 금융투자자의 '수익 낮추기'가 대세가 되고 있다. 지금까지는 수익 낮추기에 금융사들이 버틸만 했다. 저금리에 따른 시중 유동성이 풍부해 금융사들이 앞다퉈 민자사업에 뛰어들고 갈곳 잃은 돈이 몰린 덕택이다. 그러나 앞으로는 인프라 투자 기피 현상이 벌어질 수 있다. 글로벌 금리 인상에다 사업 마진마저 적으면 투자 명분이 없어지는 탓이다. 장기 투자에 따른 리스크 수익률이 있는데 이를 정부가 무시하고 있다고 금융사들은 볼멘소리를 한다. 20년 이상 사업 추정에 따른 불확실성과 수요 위험에 대응해 일정 마진을 붙일 수 밖에 없다는 것이다. 더욱이 '큰손' 보험사들이 민자시장에서 하나둘 자취를 감추고 있다. 보험사에 대한 강력한 규제장치인 '신(新)지급여력제도(K-ICS)'가 오는 2021년 도입되는 탓에 보험사들은 민자사업 출자를 힘겨워하고 있다.

이처럼 혼란을 겪는 민자 시장에서 '포스트 먹거리'를 찾으려면 해외 투자자들의 움직임을 참고해볼만 하다. 그들은 갈수록 커지는 친환경 인프라시장으로 눈을 돌리고 있다. 산은에 따르면 글로벌 인프라투자 강자인 맥쿼리그룹은 친환경 인프라 참여 확대를 꾀하고 있다. 시장 선점을 위해 지난 2017년 4월 세계 첫 그린뱅크인 영국 그린인베스트먼트뱅크(GIB)를 인수했다. GIB는 기후변화 및 폐기물·바이오와 같은 친환경에너지 분야 금융을 전담하는 공공기관이다. 맥쿼리는 같은해 7월 북미시장에 진출해 친환경 사업 발굴을 위한 기반을 마련했다. 국내에서 역시 조금씩 변화가 감지된다. 산은과 신한은행은 그린본드(녹색채권)를 발행해 친환경 프로젝트 및 인프라 사업 지원에 힘쓰고 있다. SK증권은 탄소배출금융이나 녹색채권 주관 등을 통해 기후금융 특화를 모색하고 있다.

정부의 공공성 정책으로 민자 시장은 어수선하고 투자자들은 갈길을 헤매고 있다. 이럴 때일수록 국내외 기후금융이나 친환경 인프라사업에서 기회를 찾는 것은 어떨까. 이 분야는 사회적 공공성을 확보하는 동시에 상업 역량을 확충하는 유망시장이 될 것으로 보인다.

12

금융 투자자(FI)의 재발견

'금융 투자자' 또는 '재무적 투자자'로 불리는 FI(Financial Investor)들이 최근 민자시장에서 공격적인 태도 변화를 보여주고 있다. 원래 FI는 기업이나 프로젝트의 자금이 필요할 때 경영에 참여하지 않은 채 수익을 목적으로 투자금을 조달해주는 투자자를 말한다. 그랬던 FI들이 최근 민자사업자 공모 과정에서 건설 투자자(CI · Construction Investor)들과 경쟁하는 등 사업 전면에 등장했다. 과거 '순수 투자자' 개념에 머물렀던 것에 비하면 파격적인 행보다. 우선 신안산선 복선전철의 사업자 선정 과정에 2개의 FI컨소시엄이 연이어 도전했다. 사모펀드인 트루벤인베스트먼트가 우선협상권을 땄다

가 지난해 낙마한 데 이어 최근 사업자 재선정 입찰에서 NH
농협생명컨소시엄이 응찰했다. NH농협생명은 일부 서류 미
비를 이유로 사전적격심사(PQ)에서 탈락했지만 FI주도 사업
자로서의 존재감을 외부에 알렸다.

이후 수도권 광역급행철도(GTX) A노선 사업권은 신한은행
컨소시엄이 따냈다. 3조4000억원짜리 철도사업을 금융투자
자인 신한은행이 도전해 따낸 것은 금융시장 환경 변화와 무
관치 않다. 최근 몇년간 신규 민자사업이 가뭄기를 겪다 보니
더 이상 건설사들이 만들어 놓은 딜을 기다리고 있을 수 만은
없는 형편이다. 저금리로 자금 운영에 한계를 느낀 금융사들
이 민자시장으로 계속 진출하면서 금융권간 경쟁은 치열해지
고 있다. 그간의 금융자문이나 주선, 준공 후 사업 운영에 관
심을 보였던 것에 벗어나 초기단계부터 사업을 통째 선점하
겠다는 의지를 엿볼 수 있다.

신한금융은 외부에 알려진 것에 비해 꽤 오랫동안 사업자
를 준비했다고 한다. 설계사인 도하엔지니어링과 지난 2017
년 4월부터 컨소시엄 빅픽처를 그렸다는 게 신한금융 측 설

명이다. 신한은행을 전면으로 내세우고 신한금융투자와 신한생명 신한캐피탈이 참여하는 전형적인 계열 IB(투자은행)들의 협업 모델이다. 건설사(대림산업·SK건설)들은 도급 멤버로 참여한다. 그렇다면 왜 GTX A노선인가. GTX A노선은 3조4000억원(불변가격 기준)에 이르는 메가 프로젝트여서 신한금융 입장에서 군침을 흘릴만 하다. 그룹의 파이낸싱 역량은 풍부한 데 비해 자금운용처를 목말라하고 있다. 신한금융은 지난 2017년 7월 계열 IB 역량을 집결시킨 신한 GIB(글로벌IB)를 출범했다. 그러나 아직 이렇다할 성과가 없다. 출범 이후 '성남판교 복합단지 6-4블록'의 사업권(5200억원)과 '뉴욕 오피스 빌딩 리파이낸싱 거래(2000억원)'를 따낸 정도다. 조용병 금융지주 회장의 전폭적 지지 아래 이름부터 글로벌 IB를 표방한 것 치고 아직은 초라하다. 금융권의 신사업 시도라는 상징성도 있다. 신한금융은 최근 KB금융에 리딩뱅크를 빼앗겨 역전의 한방이 필요하다. KB금융이 넘보지 못한 철도 사업권을 따내면 단번에 인프라분야에서 KB금융의 기선을 제압할 수 있다. 여기에 GTX A노선이 위험분담형 민자사업(BTO-rs)로 진행된다는 점에도 주목한 듯 싶다. 말 그대로 정부와 민간 사업자가 위험을 분담한다. 때문에 사업자가 운용 수익을 많이 가져가지 못하며 리스크 또한 크지 않다. 고위험 고수익의 부동산 개발사업과는 개념이 달라 리스크 지기를 싫어하는 금융권에는 호감가는 사업이다.

신한은행처럼 사업권을 쥐는 FI 변화를 바라보는 시장의 눈은 두가지다. 기대와 우려가 엇갈리고 있는 것이다. 긍정적인 측면을 보자면 재원조달 가능한 금융사가 사업을 이끌면서 파이낸싱 시행 착오를 보완할 수 있다는 점이다. 또 시공사와 운영사를 입찰에 부쳐 사업비를 크게 절감할 수 있다. 해외에서도 금융자본이 디벨로퍼 역할을 하는 것을 심심찮게 볼 수 있다. 건설사 역시 지분투자 위험 없이 일감을 안전하게 도급받을 수 있어 꼭 나쁜 것만은 아니다. FI의 부상에 부정적인 측면에선 아무래도 경험 미숙이 꼽힌다. 금융사가 과연 주무관청과의 인허가 협상을 원만히 수행하고 수많은 이해 당사자를 조율해가면서 사업을 이끌어가는 역량을 갖췄느냐다. 이런 논쟁은 결국 전체적 사업리스크와 책임을 누가 지느냐로 귀결된다. 기존 건설사 중심의 사업자가 나은지, 아니면 FI 중심의 새로운 구도가 좋을지는 시장과 당국이 선택할 일이다. 어느 쪽으로 방향을 택하더라도 국내 민자시장을 업그레이드하고 부흥시키는 원동력이 됐으면 한다.

수도권광역급행철도(GTX) A노선 사업개요

사업구간	파주 운정~일산~서울역~삼성 간 43.6km
총사업비 / 업방식	3조 3641억원 / 위험분담 수익형민자사업(BTO-rs) 방식
서비스 수준	표정속도 100km/h (현 도시철도는 약 30km/h 수준)

* 일산~삼성역(36km) : 기존 전철 80분 → 광역급행철도 20분

13
건설과 금융,
이제는 경쟁시대

　최근 인수합병(M&A)이나 사업권을 놓고 건설사와 금융사가 경쟁하는 모습을 심심찮게 볼 수 있다. 부동산과 인프라시장에서 건설과 금융간 경계가 허물어지는데다 건설사와 금융사 모두 신규 사업 가뭄을 겪고 있어서다.

　눈에 띄는 경쟁 분야는 부동산신탁업과 리츠다. 이 분야는 대형 금융사와 건설사간 격전지다. 지난해 신한금융이 신한대체투자운용이라는 리츠 법인을 설립했고, 농협금융도 리츠 자산관리회사(AMC)를 설립했다. 농협금융은 리츠시장 뿐 아니라 단계적으로 부동산신탁분야 진출도 염두에 두고 있다. 이런 가운데 대림산업과 현대산업개발이 리츠 운용사를 설립한 데 이어 대우건설도 리츠시장에 뛰어들 것이라고 한다. 대우건설은 땅 매입 등 사업 초기부터 시공, 운용, 매각까지 부동산 전 분야를 리츠 등 간접투자기구를 활용하는 방안을 올해 핵심 과제로 설정했다.

민자 시장에서는 2018년 건설과 금융사가 1승1패를 주고받았다. 신안산선 사업권을 놓고 포스코건설컨소시엄이 NH농협생명컨소시엄를 상대로 한판승을 거뒀다. 그러나 뒤 이은 수도권 광역 급행철도(GTX)-A 노선 사업권은 신한은행컨소시엄의 것이었다. 신한은행은 1000점 만점에 921.43점을 받아 경쟁을 벌인 현대건설 컨소시엄(865.87점)을 누르고 우선협상대상자로 지정됐다. 건설사컨소시엄이 패하자 인프라시장 주도권이 금융사로 넘어가는 것 아니냐는 전망이 나온다.

이처럼 건설과 금융사간 경쟁이 자주 목격되는 것은 소위 '돈되는 사업'이 줄어들자 '플러스 알파'의 수익 확대를 위해 각자 상대 업역에 뛰어드는 것으로 보인다. 부동산시장 전망이 불확실해지고 리스크가 커지자 한 사업을 진행하면서 추가 수익 달성이 양 업종의 공통 화두가 됐다. 민자 인프라시장 역시 마찬가지다. 정부가 공공성 강화에 초점을 맞추면서 신규 딜 가뭄을 겪고 있다. 은행들은 더 이상 사업자들이 내놓은 금융자문·주선권만 기다릴 수 없다. 신한은행이 국내 금융권 중 처음으로 대형 민자사업 딜을 따내면서 다른 금융권도 사업자 지위 확보를 노리고 있다.

가보지 못한 남의 영역을 침범하는 게 호락호락한 것은 아니다. GTX-A 노선을 따낸 신한은행은 마냥 기뻐할 처지가 아니다. 사업 전 과정을 제대로 이행할지에 대한 의구심이 적지않다. 어찌됐건 일단 둑이 뚫리면 과거로 되돌릴 수 없다. 산업 융합화 추세속에 업종간 칸막이식 구분을 유지하기 점점 어려워지고 있다. 이에 건설과 금융업종간 경쟁과 갈등도 커질 것이다. 건설사 또는 금융사 주도 모델 중 누가 나은지는 결국 상품의 최종 수요자인 소비자 만족도에서 귀결될 것으로 보인다.

14

신한·국민은행이 IB부흥 일군 비결

2018년 9월 KCC컨소시엄이 세계 2위 실리콘 제조사인 미국 모멘티브를 인수하면서 기업 인수합병(M&A)시장에 금자탑을 세웠다. 인수금액 30억달러에 이르는 이번 인수 건은 역대 한국 기업의 해외 M&A 거래 중 3번째로 큰 거래다.

금융권에 쾌거가 더 있다. 신한은행이 이번 딜에 18억달러의 인수금융을 주선한다는 점이다. 그간 해외 인수금융시장에서 글로벌 IB(투자은행)들의 기세에 눌려 국내 은행들은 주선권을 넘보지 못하고 단순 대출에 참여하는 선에 그쳤다. 해외 M&A시장에서 신한은행 IB본부의 성장을 엿볼 수 있는 대목이다. 사실 신한 IB본부는 2018년 큰 활약을 보였다. 본부 산하 부동산금융부는 판교 알파돔시티 오피스빌딩을 인수한 뒤 리츠에 담아 성공적으로 상장시켰다. 인프라금융부는 은행 최초로 민자 사업권(수도권 광역급행철도(GTX A) 노선)을 따냈다. 인수금융은 물론 부동산·인프라부문에서 고루 굵직한 실적을 올린 것이다.

이에 질세라 국민은행 IB사업본부도 2018년 사상 최대에 이르는 13조원 규모 금융주선 실적을 냈다. 강릉석탄화력발전소(5조원), 서울~광명고속도로(1조1000억원) 등 주요 인프라금융 주선을 꿰찼다. 국민과 신한의 IB본부가 비약적으로 성장한 데는 그만한 이유가 있다. 우선 IB본부의 사령탑이 1세대라는 공통점이 있다. 우상현 국민은행 IB본부장은 장기신용은행 출신으로 누구보다 장기금융 성격의 IB생리를 잘 안다. 정근수 신한은행 GIB본부장 역시 지난 1999년 은행들의 IB조직 태동 무렵 투자금융에 몸담고 이후 홍콩법인에서 4년을 지낸 IB 전문가다. IB를 잘 아는 본부장이 있다는 것은 그만큼 의사결정을 빨리 할 수 있어 큰 장점이 된다.

아울러 IB 실무인력들을 꾸준히 키워낸 점도 최근 결실을 맺는 요인 중 하나다. 신한과 국민은행 경영진이 IB조직을 뒷받침해준 점도 은행 IB를 키우는 데 한몫했다. 조용병 신한금융 회장은 IB본부의 결정에 신뢰를 보여줬다. 조 회장이 이런저런 외풍을 막아주지 못했다면 GTX 철도사업 도전은 쉽지 않았을 것이다. 조 회장은 미국 뉴욕지점과 신한BNP파리바 자산운용 사장을 거쳐 IB의 중요성을 잘 안다. 장기신용은행 출신인 허인 국민은행장 역시 기업금융 전문가로 IB본부에 힘을 실어주고 있다. 윤종규 KB금융 회장도 IB가 계열사 시너지를 높일 핵심 역할을 할 것으로 본다. 여러 박자가 맞아떨어지면서 국민과 신한은 국내 IB토양을 잘 닦았다.

한번 더 점프하려면 다음 대상은 글로벌시장이다. 성장세인 아시아시장을 개척하고 리스크가 적은 선진시장에서는 글로벌IB들과 경쟁해야 한다. '9·13 주택시장 안정화대책'에 따른 대출 규제로 은행들의 성장률 침체가 예상된다. 그간 가계의 주택담보대출에 의존해 영업하던 은행들은 앞으로 큰 타격을 받을 것으로 보인다. 과거 일본 은행들은 부진한 내수시장을 탈피하며 글로벌 은행으로 거듭났다. 국민과 신한은행

도 안방시장에서 벗어나 글로벌 IB시장에서 자웅을 겨룰 날
이 오기를 기대한다.

15

정부가 눈여겨봐야 할 '민자 아이디어'

　침체에 빠진 민자시장을 활성화하기 위한 각종 아이디어가 최근 많이 제시되고 있다. 민자사업이 어려운 이유 중 하나는 대규모 자금을 장기간 투입함에도 워낙 사업변수가 많다는 점이다. 제일 큰 변수는 소비 수요를 정확히 예측하기 어렵다는 것이다. 수요 리스크를 헤지하지 못하면 건설사나 금융사가 민자사업에 뛰어들 수 없다. 때문에 수요 위험을 민간과 정부가 분담하거나 정부가 지는 방식이 세계적인 추세이다.

　민자 요금 지불 방식을 AP(Availability Payment)로 전환하자는 게 최근의 민자업계 화두다. 사업자가 일정 수준 이상의 서비스를 제공하면 수요와 상관없이 정부가 운영수입을 보장(Payment Guarantee) 하는 방식이다. 사업자 입장에서는 교통량 예측 실패에 따른 운영수입 변동 위험성이 없다. 대신 정부가 요금 통제권을 갖는다. 선진국들은 민자(PPP) 사업자 유치를 위해 이 방식을 내놓고 있다. 캐나다의 토론토 동북부지역 교통난을 해소하기 위해 추진된 온타리오 고속도로 427 사업과 네덜란드의 A24 블랑켄부르크 커넥션 사업 등은 AP방식으로 진행됐다.

AP로의 급격한 전환이 부담스럽다면 '섀도 톨(Shadow Toll)'을 적용하자는 아이디어도 있다. 섀도 톨은 민자도로 이용자에게 공공도로 요금 차이만큼 통행료를 보조해 도로공사 부채로 쌓아놓은 뒤 향후 재정도로로 편입되면 통행료를 받아 부채를 갚아가는 방식이다.

민간 위험을 줄이면서 정부의 공공성 정책에도 부합하는 방안도 제시됐다. '운영(사업)개시 후 민영화' 방식이다. 낮은 금리로 자금 조달이 가능한 공기업이 짓기 때문에 사업비를 낮추며, 운영기간에는 민간의 효율성을 활용할 수 있다. 호주에서는 '에셋 리사이클링(Asset Recycling)'이라고 불린다. 다만 민영화 이후 요금이 크게 인상되거나 서비스가 부실해질 경우 이용자들의 거부감을 살 수 있다.

이처럼 여러 신선한 아이디어들이 쏟아져 나오고 있지만, 민간기업과 정부당국간은 여전히 극명한 시각차를 보여주고 있다. 정부는 우선 신규 민자사업에 부정적 의견을 나타내고 있다. 국토교통부의 한 민자 담당 과장은 "현재 한국개발연구원(KDI)에 계류된 여러 민자사업은 정체구간의 지름길을 만들어 수요를 흡수하는 것들이다. 이는 사업 시급성이나 공공성을 입증하기 어렵다"면서 신규 사업에 부정적 의견을 나타냈다. 사회기반시설(SOC) 시설이 과잉인 상황에서 민자사업을 추진하려면 이에 맞는 생산성이 있어야 하는데 그런 사업을 찾기 어렵다는 것이다. 제안된 민자사업이 현실화되기 위해서는 KDI 공공투자관리센터(PIMAC)의 민자 적격성 조사를 통과해야 하는데 많은 민자사업이 계류돼 있다. 그는 또한 정부가 민자사업을 하는 가장 큰 이유는 부족한 재정을 보완해 민간자금을 활용하기 위한 것이라며 민자는 재정의 보완수단임을 강조했다.

　최근 베트남을 비롯해 동남아 공무원들이 우리 민자사업을 배우러 방한할 정도로 한국 민자사업은 크게 발전했다. 성숙한 만큼 약점도 노출했다. 정부가 바뀔 때마다 민자정책이 바뀌고, 민간은 건설비나 운영비에 거품을 형성했다. 그렇다고 문제점을 놔둔 채 민자사업의 사양화를 보고 있을 수만은 없다. 경기회복과 고용창출에 가장 효과적인 수단이면서 국민생활 편익과도 직결돼서다.

　앞으로 정부와 민간 사업자 양측에서 새로운 접점을 찾았으면 한다. 민자사업도 상품이므로 민간은 이용자에 좀 더 호소할 수 있는 매력적인 콘텐츠를 발굴했으면 한다. 정부 역시 민자사업의 효용성이나 장점을 재조명해봐야 한다. 지금처럼 민자사업을 재정의 보조수단이나 계륵 정도로 치부하면 민간의 창의성은 제대로 꽃피지 못할 것이다.

16

한국형 FI 주도
민자사업이 자리 잡으려면

국내 민자사업이 재무적 투자자(FI)가 주도하는 방식으로 급속히 재편될 조짐을 보이고 있다. 2018년 10월 '민자 적격성'을 통과한 위례신사선의 사업권을 놓고 설계엔지니어링사와 FI들이 물밑 짝짓기에 들어갔다.

주무관청인 서울시는 2019년 봄쯤 이 사업의 제3자 제안 공고를 낼 것으로 예상된다. 최초 제안자(GS건설 · 태조엔지니어링컨소시엄)에 비해 더 나은 사업 제안자가 있는지 가리기 위해 입찰에 부치는 것이다. 제3자 공고에 대비해 현대엔지니어링과 농협생명 등이 FI 컨소시엄을 형성하기 위한 논

의를 시작했다. 이 외 1~2개 FI들이 새로운 컨소시엄 구성을 타진중인 것으로 알려졌다.

FI가 사업개발을 주도하고 건설사는 단순 시공사로 참여하는 이른바 'FI 주도형 민자사업'은 올해 최고의 히트작이다. 농협생명컨소시엄이 신안산선 민자사업에 도전했다가 실패한데 이어 신한은행컨소시엄은 실제 수도권 광역급행철도(GTX)-A 사업권을 따냈다.

민자 전문가들은 FI주도 민자사업이 확산될 것이라고 전망한다. 금융사들이 축적된 경험을 바탕으로 초기 개발단계부터 사업권을 따내려는, 공격적인 전략을 취하는 데다 건설사컨소시엄에 비해 사업비 평가상 유리하기 때문이다. 특혜 시비가 따라다녔던 건설사 주도 컨소시엄에 견줘 시민단체의 부정적 시각을 잠재우는 점도 매력이다. 이와 관련, 황우곤 파인스트리트자산운용 사장은 "어려운 사업인 철도에서 'FI 주도 컨소시엄'이 나타나는 현상으로 볼 때 앞으로 수요 위험이 철도에 비해 덜한 도로·환경 등 다른 사업 분양에서 이 방식이 확산될 가능성이 크다"고 강조한다.

그런데 기대가 크면 실망도 큰 법이다. GTX-A의 실시협약 관련 협상 과정이 순탄치 않아서다. 최근에는 수백억원 가까이 선(先)투입된 설계용역비 부담 문제가 수면으로 떠올랐다. 건축, 기계, 신호, 통신설계 관련 중소 엔지니어링사들이 실시설계에 참여했지만 비용을 받지 못해 어려움을 호소하고 있다고 한다. 선투자된 설계 비용에 대한 처리 문제는 FI 주도 민자사업의 '취약점'으로 꼽힌다. 시공사 주도 민자사업에서는 시공사가 이 비용을 충당했지만 FI 주도에서는 아직 선투입 비용에 대한 분담 원칙이 정확하게 정해지지 않은 탓이다.

FI 주도형 민자는 긴 역사가 있는 게 아니고 2018년 태동한 것이다. 과도기에 있다고 볼 수 있다. 그런 만큼 선도자격인 신한은행컨소시엄이 GTX-A 사업을 모범적으로 수행해야 할 부담이 크다. 더욱이 이 사업은 수천억원이 아닌 수조원의 비용이 걸린 메가 프로젝트다. FI에 맡겨 놓으니 사업이 안된다, 시공사 위주로 다시 가야한다는 말이 나올 경우 이는 과거로의 회귀에 그치지 않는다. 민자사업에 대한 부정적인 이미지를 더욱 망칠 수 있는 스모킹 건이 될 수 있다.

따라서 지금이라도 사업에 참여하는 엔지니어링사와 FI 등 파트너간 역할 분담을 제대로 정립돼야 하다. 사업개발비용을 누가 대느냐는 가장 중요한 요소이다. 위례신사선 역시 앞선 사업에서의 부작용을 제대로 짚고 보완책을 마련해야 할 것이다. 한국형 FI 주도 민자사업이 뿌리내리는 것은 생각처럼 쉽지 않다.

3

Chapter

해외 프로젝트 금융시장,
팀코리아로 승부걸자

01

기대감 커진 해외건설시장,
민관협력으로 공략해야

해외건설이 오랜 수주 가뭄에서 벗어나 증가세로 전환될 것이라는 기대가 크다. 유가가 회복세를 보이면서 중동 산유국들이 각종 프로젝트를 다시 쏟아낼 움직임을 보이고 있어서다. 중동 발주처들은 저유가 속에서 몇년간 유예했던 사업을 내놓기 시작했다. 미래에셋대우 조사에 따르면 한국업체가 중동·북아프리카(MENA)지역에서 입찰에 참여한 프로젝트는 613억달러에 이른다. 쿠웨이트와 오만의 수십억달러 정유플랜트사업이 수주업체 선정을 앞두고 있으며, 플랜트 투자를 끝낸 사우디는 인프라사업 발주에 집중하고 있다.

이 같은 호기를 놓칠세라 건설업계는 수주전에 총력을 기울이고 있다. 현대건설은 이란 진출을 위해 금융전담팀을 신설하는 등 신흥시장 본격 진출에 나섰다. 무엇보다 국내 건설사들이 그간의 저가 수주 후유증에서 벗어나 컨소시엄을 이뤄 입찰에 참여하는 점이 고무적이다. 국내업체간 짝을 이뤄 수주에 참여하면 제살 깎아먹기식 경쟁을 피할 수 있는데다 수주 가능성도 한층 높아진다.

그렇다고 수주환경이 우리 업체에 유리하게 돌아가는 것은 아니다. 시장이 확대되는 만큼 경쟁도 격화되고 있다. 유럽과 일본업체 등 전통적인 라이벌 업체 뿐 아니라 최근에는 국제 경쟁력을 갖춰가는 중국 및 터키업체와도 맞닥뜨리고 있다. SK건설과 대림산업이 따낸 터키 차나칼레 현수교 프로젝트의 경우 막판까지 일본 업체들과 치열한 경쟁을 펼쳤다. 우리 건설사들이 일본 업체와의 수주전에서 뒤지지 않도록 수출입은행과 무역보역보험공사가 저리의 자금 지원 약속을 하지 않았다면 질지도 모르는 게임이었다. 발주 방식이 정부재정·단순도급에서 벗어나 민자(PPP)·투자개발사업으로 변화하면서 기업들만 잘 해서는 수주를 따내기 쉽지 않아진 것이다.

이에 정부도 '팀 코리아(Team Korea)' 개념으로 수주 전 선을 확장해가고 있다. 글로벌인프라펀드를 비롯해 글로벌인 프라벤처펀드, 코리아해외인프라펀드 등을 내놓고 본격 투자 에 나설 계획이다. 또 사업발굴, 협상, 기획부터 시공, 사후관 리까지 정부가 패키지로 지원하는 KIND(해외인프라도시개발 지원공사)를 설립했다. 이런 노력에도 아직은 '팀코리아'라고 부르기에 미흡한 게 현실이다. 해외 정책금융의 본산인 수출 입은행이 부실여신의 후유증에서 벗어나지 못한 채 웅크리고 있다. 일정 위험을 감수하고 수주지원에 나서야 하는지, 보수 적인 리스크 관리로 일관해야 하는지 어정쩡한 모습이다.

해외 건설시장은 발주량 확대라는 기회요인과 해외 업체와 의 경쟁 격화라는 위협 요인에 놓여 있다. 경쟁이 심화될수록 민관협력은 빛을 발한다. 치열한 수주전선에서 승리를 좌우하 는 것은 기업의 수주경쟁력에다 금융경쟁력을 더해야 함을 잊지 말아야 한다.

02

금융에 목마른
해외 신흥시장

중동발 저가 수주 영향으로 해외 건설업계의 체질이 달라지고 있다. 우선 리스크 및 원가 관리를 통해 내실을 다지고 있다. 삼성은 최근 어려움을 겪는 삼성엔지니어링에 '경영 선진화 태스크포스(TF)'를 만들고 삼성전자 경영혁신 인력을 대거 투입했다. 삼성엔지니어링은 수년간 큰 영업손실을 냈다. 대규모 손실의 원인이 저가 수주 외에 리스크관리 잘못에 있다고 보고 삼성은 삼성전자 경쟁력의 원천인 글로벌 전사적 자원관리(ERP)를 엔지니어링에 이식하고 있다.

건설업계는 아울러 시장 다변화로 대응하고 있다. 중동 일

변도의 수주에서 탈피, 아시아 아프리카 중남미 등 신흥 시
장으로 진출을 확대해나가고 있다. 현대건설은 신흥시장 수
주목표를 전체수주의 40%에서 50%까지 확대하고 있다. GS
건설은 모잠비크를 비롯한 아프리카 및 중남미 진출확대를
목표로 하고 있다. 삼성물산은 아르헨티나 등 남미시장에서
기회를 엿보고 있다. 대림산업은 카자흐스탄 등 중앙아시아
(CIS)와 러시아 시장에, 대우건설은 리비아, 알제리 및 동부
아프리카 시장에 관심을 가지고 있다. 신흥시장은 오일머니가
풍부한 중동시장과는 분명히 다른 시장이다. 사업 기회는 많
으나 대부분이 저개발 국가다. 때문에 사업발굴 능력은 물론
금융지원 능력이 중요하다. 그러나 정치적 위험이 높다는 이
유로 저개발국 발주 프로젝트에 대한 정책금융 지원은 미흡
한 실정이다. 저개발국에 대한 엄격한 심사로 인해 대출 및
보증·보험 등을 지원받기 어렵다는 게 건설업계의 공통된
의견이다.

　우리가 금융지원을 주저하는 사이 중국은 자금력을 앞세워
영향력을 확대해 가고 있다. 우리의 산업은행격인 중국개발은
행(CDB)은 최근 카자흐스탄 아시아 가스 파이프라인 프로젝

트에 77억달러를 단독 제공했다. 이 같은 통 큰 지원 영향으로 CDB는 글로벌PF 금융주선실적 3위에 오르기도 했다. 중국의 이러한 자금 공세에도 신흥시장 발주처들은 여전히 한국 EPC기업을 선호하고 있다. 중국 기업의 품질을 믿지 못하기 때문이다. 우리 시공기술력 및 사업발굴 능력에다 금융을 더한다면 신흥시장 제패는 먼 이야기가 아니다. 수출입은행, 무역보험공사 등 수출신용기관(ECA)도 신흥시장이 앞으로의 우리 기업 먹거리라는 데 이견이 없다. 그렇다고 고위험 국가에 대한 리스크를 전적으로 수용하고 금융 지원에 나서기는 어렵다고 토로한다. 대출채권이나 보증이 부실화되면 국민 세금으로 메워야 하는 탓이다.

　해법이 없는 것만은 아니다. 공적개발원조(ODA)수원국을 중심으로 대외경제협력기금(EDCF) 지원규모를 확대하고, 다자개발기구(MDB)와의 협조융자, 민간 모험자본 등 지원 수단을 다양화하는 것이다. 아울러 기존의 양허성 차관 외에, 준상업차관, 보증, 출자 등 다양한 방식을 활용하는 개발금융 체제를 도입하는 것도 필요하다. 우리 기업은 절체절명의 심정으로 오지를 돌며 신시장 저개발국을 개척해나가고 있다

그러나 실탄(금융)이 없다면 맨몸으로 수주전쟁에 뛰어드는 것과 다름없다. 우리기업이 신흥시장을 선점할 수 있도록 정부는 서둘러 금융지원에 나서야 한다.

03

맥쿼리그룹
배우기

　금융계의 맥쿼리 배우기가 한창이다. 몇년 전 한 금융위원장은 "한국판 골드만삭스는 비관적이게도 100년 지난 뒤에나 나올 수 있다"며 "맥쿼리처럼 하는게 우리가 하고 싶은 산업"이라고 말했다. 그는 "맥쿼리는 미국에 안가고 한국 같은 신흥시장 가서 사업을 했다"면서 "우리 금융계도 신흥국으로 나가야 한다"고 조언했다. 100년 전통을 자랑하는 유럽과 미국 투자은행(IB)을 따라잡기란 쉽지 않으므로 맥쿼리처럼 해외시장 진출을 위한 새로운 시각과 전략이 필요하다는 얘기다.

　맥쿼리는 국내 사회간접자본(SOC)시장에서 최소운영수입

보장(MRG)이란 혜택을 이용하고 '고금리 후순위채권' 장사를 해 평판이 그다지 좋지 않다. 그러나 역설적이게도 해외에서 금융 먹거리를 찾고 있는 한국 금융회사들에는 적잖은 시사점을 준다. 맥쿼리는 비(非) 미국계 금융회사 중 10년 안팎의 해외 진출을 통해 글로벌 IB로 도약한 몇 안되는 사례에 속한다. 회사는 1969년 영국의 금융회사인 힐사무엘이 호주에 세운 직원 세 명의 자회사로 출발했다. 금융시장 자율화와 함께 1985년 호주에서 두 번째 상업은행이 됐고 1995년부터 홍콩과 베이징 싱가포르, 2000년에는 서울과 도쿄에 사무소를 개설하는 등 아시아시장에 적극적으로 진출했다. 맥쿼리그룹은 전세계 28개국에 1만3400명의 임직원을 두고 있으며 395조원의 돈을 굴리고 있다. 맥쿼리의 가장 큰 성공 요인은 틈새시장에 가장 먼저 진출한 것이다. 금융 변방국 출신으로 짧은 역사를 지녔으면서도 신흥국의 SOC에 투자하면서 연이어 성공을 일궈냈다.

이 같은 사례는 해외시장에서 경쟁하기 위해선 단순히 '글로벌IB'를 벤치마킹하기 보다 차별화된 사업모델을 우선적으로 찾아야 함을 보여준다. 자본시장연구원 관계자는 "맥쿼리는 인프라펀드라는 차별화된 사업모델로 해외진출에 성공했다"면서 "이후에도 인프라펀드와 연계된 틈새시장을 지속 발굴하고 비교우위를 가질 수 있는 사업분야를 모색해 성장을 유지했다"고 설명했다. 맥쿼리는 자사의 성공 요인으로 '틀 속의 자유(freedom within boundaries)'문화를 꼽는다. 틀은 철저한 리스크관리를, 자유는 임직원에게 부여되는 자유로운 기업가 정신을 각각 의미한다. 즉 리스크관리 궤도 내에서 창의성 등을 발휘해 여러 사업을 자유롭게 행한다는 뜻이다. 이런 '틀 속의 자유' 철학은 조직 구조나 사업전략, 운영방식, 심지어 성과보상 체제에도 녹아있다.

우리 금융계의 현실은 어떤가. 리스크관리 경시 풍조가 여전히 팽배하다. 해외 진출 등 성장 전략 이전에 위험관리 내부통제 소비자 보호 등 기본에 충실해야 한다. 맥쿼리가 성공 요인으로 꼽은 '기업가 정신'도 함양해야 할 과제다. 모피아들이 금융수장 자리를 꿰차며 전문경영인들을 밀어내고 있다. 이런 풍토아래 일관된 기업문화나 기업가 정신이 꽃을 피우기는 요원하다. 맥쿼리는 실패에서도 철저히 배워갔다. 실패의 교훈을 인정하고 축적해 생산적으로 활용해 간 것이다. 우리 금융계도 현실의 실패를 교훈삼고 원인을 바로잡아 글로벌무대에 성공적으로 데뷔할 날이 오기를 기대해본다.

04

수출입은행이
가야할 길

　최근 몇 년간 조직과 기능이 비약적으로 늘어난 은행은 단연 수출입은행이다. 수은과 같은 수출신용기관(ECA)의 역할 확대는 세계적인 트레드다. 글로벌 금융위기를 극복하기 위해 각국은 전통적인 무역금융 지원에서 벗어나 ECA의 기능과 역할을 크게 늘렸다. 각국 ECA 중에서도 수은이 괄목하게 성장한 것은 우리 기업들이 든든한 우군 역할을 해줬기 때문이다.

　수은은 지난 2014년 1월 수출입은행법(수은법)을 개정해 대외 채무보증을 확대함은 물론 지분투자 분야에 진출했다. 이들 기능은 수은의 오랜 숙원 과제였다. 자체업무 영역도 넓혔다. 지분투자와 같은 투자은행(IB)기능을 강화한 산업은행도 벤치마킹했다. 수은은 또 대외경제협력기금(EDCF)법을 개정해 개발금융시장에 진출했다. 개발금융은 원조자금(ODA)과 상업금융을 혼합 활용하는 금융이다. 개발금융이 본격 시행되면 외교부와의 해묵은 원조자금 주도권 경쟁에서도 우위를 점하게 된다. 수은은 업무를 넓힐 때 기업들의 목소리를 적절히 활용했다. 기업들은 "해외 진출시 지분 투자를 해주는 금융기관이 시급하다"며 수은에 힘을 실어줬다. 개발금융 역시 기업들 요구의 소산물이다. 이제 수은은 명실공히 국내 대표 정책금융기관으로 위상을 굳혔다. 직접 대출은 물론 채무보증, 금융자문 및 주선, 지분 출자 등 업무도 다양화됐다.

우리가 해외 건설강국으로 성장한 된 데는 수은의 역할이 컸다. 글로벌 수주전쟁에서 금융은 절대적인 역할을 한다. 장기 저리의 금융과 보증을 지원하는 수은의 지원 전략이나 방향이 중요한 이유다. 그러나 수은의 외형 확대와 달리 기업들의 좌절과 실망감은 커지고 있다. 기업 일각에서도 수은의 과도한 힘 쏠림을 경계한다. 수은의 금융지원 문턱이 높다고 느

끼는 중소 중견사가 여전히 많다. 대기업들도 신용등급이 우량하지 않은 국가에 대한 금융지원을 얻는게 여간 어려운 게 아니라고 하소연한다. 수은의 역할과 기능 확대가 가능했던 것은 청와대나 국회, 주무부처인 기획재정부 등의 지원이 있었기에 가능했다. 이는 금융 수요자인 기업에 더 잘하라라는 주문이요 채찍이다.

우리 시공자에 대한 금융 주선시 해외 정부의 지급 보증을 요구하는 수은의 관행은 되풀이되고 있다. 투자나 융자 심사시 담보를 요구하는 구태의연함을 벗어나지 못하는 것이다. 지난 2013년 인천국제공항공사가 미얀마 한따와디공항사업 우선협상대상자로 선정됐다가 일본 컨소시엄에 빼앗겼다. 수은이 금융 제공 조건으로 미얀마정부 지급보증을 요구해서다. 현대건설이 베네수엘라 정유공장 건설사업에 진출하면서 중국 엔지니어링업체와 합작 컨소시엄을 구성했다. 수은이 보수적 대출 잣대를 들이대자 중국의 유연한 자금을 끌어들이기 위한 궁여지책이었다. 삼성물산은 카자흐스탄 발하쉬 화력발전소 공사를 중단했다. 카자흐 정부의 지급보증이 없으면 금융을 지원할 수 없다는 수은의 정책에 따른 것이다. 수은은 각국 ECA도 금융 부실을 예방하기 위해 정부 지급보증을 요구한다고 항변한다. 그러나 수은이 프로젝트 사업성보다는 과도하게 정치적 위험이나 국가 신용등급에 의존해 지원 여부를 판단한다는 게 업계의 지적이다. 프로젝트채권이나 구조화금융 등 정부 보증을 대신해 리스크를 낮추는 금융을 찾아보면 있을 것이다. 정부 보증만 믿고 손쉽게 금융을 지원하라고 수은의 기능을 크게 늘려준 게 아니다. 이제부터라도 수은은 '빅 ECA'에 걸맞게 유연하고 다양한 자금지원 수단을 강구해야 할 것이다.

수은의 기능이 확대되면서 해외 프로젝트시장에서 민간 금융기관이 성장할 생태계가 위협받는다는 목소리도 나온다. 수은은 민간 금융사가 제 역할을 못하니 정책 금융기관의 선도적 역할을 강조한다. 그러나 수은이 낮은 금리의 외화채권 발행과 차입을 무기로 힘을 계속 키워가면 민간 금융기관은 영영 경쟁력을 키울 토대를 마련할 수 없다고 걱정한다. 금융권 관계자는 "정책금융의 선제적 지원도 좋지만 수은이 너무 앞서 나가고 과다하게 시장에 개입하면 민간시장 비성숙이라는 역효과도 생각해봐야 한다"고 지적했다.

수은이 진정 글로벌 프로젝트 금융의 키 플레이로 도약하려면 기업과 금융기관들로부터의 협력과 신뢰를 얻는 게 우선이다.

05

ECA, 해외건설사 동반자

해외 건설시장에서 수출신용기관(ECA)의 중요성이 날로 커지고 있다. 가격 위주의 단순한 경쟁입찰을 탈피하기 위해선 ECA금융을 활용한 수주전략 변화가 필요하기 때문이다. 국내 건설경기 침체 탓에 건설사들은 해외 수주에 총력을 기울여 왔다.

그러나 기업들이 해외 시장에 몰리면서 수주 과열현상이 발생했고 몇몇 건설사들은 덤핑 수주한 사업의 수익 악화와 부실 처리에 애를 먹고 있다. 따라서, 이제는 가격 위주의 단순 경쟁입찰을 피해야 한다는 인식이 확산되고 있다. 대형 건설사들은 최근 국내외 ECA를 활용해 특정 국가나 발주처에 사업비 등의 금융을 주선해주고 프로젝트를 수의로 수주하는 전략을 추진하고 있다.

예를 들어 현대건설은 지난 2012년부터 베네수엘라 등 신용도가 낮은 자원부국을 대상으로 국내외 ECA금융을 활용한 수주 전략을 펴고 있다. 그 결과 21억 달러에 이르는 PLC 정유설비 확장 공사 등 3건을 수주했고 2건의 프로젝트 수주를 추진하고 있다.

ECA란 일반 상업금융기관이 제공하지 못하는 수출거래에 보험(보증)이나 직접대출 등으로 자국 수출을 진흥하는 기관이다. 국내에는 수출입은행과 무역보험공사가 있다. ECA금융 활용은 '선금융 후발주'로 변화된 최근 해외 발주방식과도 맥이 닿아 있다. 금융조달 능력이 수주 성패를 좌우하므로 자국 기업을 지원하는 ECA와 짝을 지어야 수주에 유리하다. 해외 수주시장은 일본계 기업·금융기관. 중국계 기업·금융기관 등과 경쟁하는 국가별 대항전이 됐다. 우리 정부도 이런 글로벌시장 환경 변화를 수용해 몇년 전 '해외건설·플랜트 수주 선진화 방안'을 마련했다. 그 일환으로 수출입은행은 대출 및 보증, 채무보증 확대, 투자 업무 도입 등으로 대외 거래의 전 단계에 걸친 금융지원이 가능해졌다.

ECA의 업무 범위와 기능이 확대되고 있지만 우리 기업들은 ECA 지원에 여전히 목말라하고 있다. 건설사 관계자는 "프로젝트가 대형화되고 국내 건설사간 컨소시엄이 늘면서 이행성 보증에 대한 수요가 굉장히 크다"면서 "업체별 보증 한도와 익스포저(위험노출)를 늘려야 한다"고 지적했다. 아시아 개도국 등 신흥시장에 대한 지원도 턱없이 부족하다는 게 업계의 불만이다. 떠오르는 시장인 이란 이라크 미얀마에서 건설사들이 발전이나 인프라사업을 벌이고 싶어 하지만 ECA의 여신이나 보증 지원을 받는게 여간 까다로운게 아니다. 국가별 신용등급에 따른 여신 제한 탓이다.

발주처에 대한 ECA의 교섭력 확대도 요구되고 있다. '을'의 입장에 선 기업들은 해외 발주처의 부당한 요구에 응해야 하는 실정이다. 이에 ECA가 대주단 지위를 활용해 기업들의 이런 어려움을 덜어줘야 한다는 것이다. 한 건설사 관계자는

"발주처들이 이행성보증서를 자기 국가의 은행을 통해 받으라는 요구가 많은데 프로젝트가 워낙 크다 보니 보증수수료 부담이 만만찮다. 우리 ECA가 사업비 조달에 주도적 역할을 하기 때문에 발주처를 설득해 국내 은행의 보증서를 쓸 수 있도록 해줘야 한다"고 말했다. ECA는 기업들의 요구에 부응해 숙원이던 영역과 기능을 확대했다. 이제 ECA가 날개를 달아준 기업들을 위해 행동으로 보답할 때다.

06

ECA, 해외건설사
동반자(2)

수출입은행과 무역보험공사를 '공적 수출신용기관(ECA)'
이라고 말한다. 두 기관은 우리 기업의 해외 수주 사업에 대
출·보증·보험과 같은 정책금융을 지원한다. 정부의 수출
드라이브 정책에 힘입어 잘 나가던 두 ECA가 큰 시름에 빠
졌다. 한마디로 일거리가 줄고 있어서다. 한 수은 간부는 해
외 건설·플랜트 관련 금융지원 위축이 생각보다 심각하다
고 설명했다. 예를 들어 해외 인프라사업과 관련해 지난 20
17년 ECA들이 올린 금융지원 실적은 한건에 불과하다. 대
림산업과 SK건설이 수주해 착공에 들어간 터키 차나칼레
현수교가 유일하다고 한다. 해외 건설금융시장이 침체된 이

유는 금융 수요와 공급 모두 꽉 막혔기 때문이다.

　먼저 금융 수요자인 건설사들의 금융 요구가 예전같지 않다. 저유가로 중동시장에서 수주절벽에 부딪쳤다. 저가 수주 후유증을 겪고 있는 건설사들은 적극적인 해외 수주에 나서지 않고 수익 중심의 선별 수주에 그치고 있다. 주택경기가 먹여 살리다 보니 경영진들은 리스크가 큰 해외사업을 자제하는 분위기다. 해외 건설금융이 쪼그라든 또 하나의 이유는 금융 공급자 측면에서 찾을 수 있다. 수은과 무보는 조선산업 부실사태 이후 '대대적 구조조정 혁신안'을 내놓았다. 조선업 금융지원과 관련해 대규모 부실 여신을 떠안으면서 리스크 관리와 건전성 강화가 혁신의 화두로 떠오른 것이다. 이에 선박과 건설·플랜트업종에 집중됐던 금융 지원을 감축해 나가고 있다. 해외 일감이 없는데다 문을 두드려봤자 금융지원을 받지 못하니 자연스레 건설사들의 ECA 발길이 뜸해진 것이다. 문제는 해외 건설에 대한 금융수요가 확대돼도 ECA들이 금융을 제때 공급할 수 없다는 데 있다. 해외건설시장은 최근 개선 조짐을 보이고 있다. 국제 유가가 배럴당 60달러를 뚫

은데다 주요 원자재가격이 회복되면서 해외 건설·플랜트 발주시장이 꿈틀대고 있다.

주택시장이 침체될 조짐을 보이자 건설사들도 해외로 다시 눈돌리는 분위기다. 사회간접자본(SOC) 예산 감축과 주택부문 물량 감소에 대응하려면 건설사들의 해외 포트폴리오 다변화는 당연한 수순이다. 해외 발주량이 증가하고 건설사들의 해외진출 의욕이 생기면 금융지원에 대한 수요도 커질 것이다. 하지만 ECA들은 '익스포저(위험 노출) 확대'를 이유로 기업들의 요청에 고개를 저을 공산이 크다. 힘들게 해외 수주에 성공해도 금융을 구하지 못해 수주를 포기하는 사례가 나올 수 있다는 얘기다. 물론 ECA의 여신이 특정 업종과 산업에 쏠리는 것을 막아야 한다. 조선업 구조조정에 11조원의 공적 자금이 투입되는 등의 손실을 생각하면 ECA들의 리스크 관리는 기본 중의 기본이다.

하지만 일반 은행이라면 쳐다보지 않을 대규모 중장기 해외프로젝트 지원을 통해 조선 플랜트를 국가 기간산업으로 육성한 것도 ECA들이다. 고위험국 수주 지원을 위해 설립된

ECA들이 상업은행과 동일한 수준의 리스크관리를 하고 국제결제은행(BIS) 자기자본비율을 맞춘다면 제 기능은 포기할 수 밖에 없다. 상업은행 수준의 리스크 관리와 ECA의 본연 역할 수행 사이에 절충점을 고민해볼 필요가 있다.

07

개도국은 PPP진출 텃밭

개발도상국들이 인프라 건설분야를 PPP(민관협력방식 · Public-Private Partnership) 방식으로 추진하는 사례가 늘고 있다. 개도국 PPP사업은 지난 2003년 563억 달러이던 것이 2010년에는 1736억달러로 증가했다. BNP파리바은행의 브르스 웰러 프로젝트금융부문 대표는 "앞으로 10년간 2조9000억달러의 아시아 인프라 투자수요가 발생하는 데 이중 15%가 PPP · BOT · BOO 등의 민자 형태로 진행될 것"이라고 예견했다.

PPP란 정부가 전력 철도 항만 도로 등 공공시설의 건설과 운용에 필요한 재원의 전부 또는 일부를 민간으로부터 조달하고, 대신 일정한 범위 내에서 민간이 그 공공시설을 경영하게 해 수익성을 보장하는 사업 추진방식이다. 일종의 민자사업과 같다. 개도국 정부는 재정 부담을 덜고 사업 효율성을 높이기 위해 PPP방식 인프라 투자를 늘리고 있다.

중동시장에서의 경쟁 심화와 화공플랜트 턴키시장에서의 수주 물량 감소에 지친 우리 업계에 PPP시장은 '엘도라도'가 되고 있다. 대림산업 SK건설 등이 PPP시장에서 기회를 포착하기 위해 글로벌사업개발실을 신설했다. SK건설이 터키 이스탄불 해협에 왕복4차선 해저터널을 건설해 아시아와 유럽을 연결하는 BOT사업을 진행하는 등 성과도 나타나고 있다. 신흥국들이 PPP사업에 관심이 많지만 국가신용도가 낮은 국가가 대부분이어서 자금조달에 어려움을 겪고 있다. 국가 리스크로 인해 상업 금융기관들이 사업비를 대기가 쉽지 않다. 금융 조달이 PPP사업 성사에 가장 중요한 열쇠가 된 것이다. 때문에 해외 PPP시장 진출의 활성화를 위해서는 금융 지원이 첨병 역할을 해야 한다는 게 업계의 주문이다.

최근 가장 주목받는 게 대외경제협력기금(EDCF)이다. EDCF는 개도국 경제발전을 증진하기 위해 우리 정부 차원에서 공여하는 공적개발원조(ODA)자금이다. 따라서 잘만 활용하면 국가리스크를 줄이면서 PPP시장 진출을 촉진할 수 있다. EDCF 위탁 운영기관인 수출입은행은 PPP사업 지원을 위해 EDCF 보증제도를 활용할 계획이다. 해외 PPP 사업에 자금을 제공하는 금융기관에 수은이 채무보증을 함으로써 투자위험을 줄여 국내 기업들의 해외건설 참여를 더욱 활성화시키겠다는 것이다. 업계는 EDCF 지원에서 한발 더 나아가, 사업초기 타당성조사 비용 지원이라던가 연기금 및 정책금융기관의 자본금 투자방안이 필요하다고 역설한다.

정부와 기업이 합동해 해외PPP시장 개척 활동을 벌이고, 이를 위해 관련 예산을 책정해야 한다는 목소리도 나온다. 국내 건설경기가 침체된 상황에서 업계는 해외 건설에서 새로운 활로를 모색하고 있다. 그러나 해외 건설 수주가 국가대항전이 돼 가면서 개별기업 차원에서 풀기 어려운 과제가 적지 않다. 정부와 정책 금융기관 등이 PPP확대 추세라는 글로벌 시장 동향을 읽고 신속한 지원방안을 마련할 때다.

08

EDCF를
늘리자

지난 2017년 대외경제협력기금(EDCF)이 출범 30주년을 맞았다. EDCF는 장기 저리로 빌려주는 유상 원조자금을 말한다. 무상 원조와 더불어 공적개발원조(ODA)의 양대 축이다. EDCF는 개도국들의 산업 발전과 경제 안정을 지원하는 게 우선 목표다. 그러면서 우리 기업의 개도국시장 진출에도 훌륭한 지렛대 역할을 한다. 해외 정부가 발주하는 형태를 띠지만 구매적격국을 한국으로 한정하고 자재 공급자도 한국 업체를 선정하도록 하는 경우가 대부분이어서다. 발주와 사업 진행이 해외에서 이뤄질 뿐 국내 공공 사회간접자본(SOC)사업처럼 대금을 받기가 안정적이라 인기가 높다. 건설사들이 안정적으로 해외 공사경험을 쌓을 수 있는 일종의 인큐베이터 역할을 한다. 때문에 대기업들은 도로 교량 등 대형 인프라사업을, 중소기업은 대기업 하청구조에서 벗어나 학교나 상하수도 건설의 직접 수주를 노린다.

EDCF는 30년간 눈부신 성장을 했다. 기획재정부에 따르면 EDCF 설립 첫해인 1987년에는 규모가 300억원에 불과했으나 올해는 34배(1조194억원)로 불어났다. 지난 30년간 53개국에서 375개 사업을 지원됐으며 총 지원액은 15조2000억원에 이른다. 이런 성장이 무색하게도 기업들의 불만이 쌓이고 있다. 중동수주 절벽에 부딪친 우리기업들은 진출무대를 신흥시장으로 옮기고 있다. 신흥국에서는 사업 기회가 많으나 대부분이 저개발 국가여서 위험이 크다. EDCF와 같은 안정적인 자금지원이 더할 나위 없이 중요한 이유다.

하지만 EDCF를 포함한 ODA 규모가 일본 중국 등 경쟁국에 비해 턱없이 적고 건당 지원한도도 소규모여서 기업들의 애를 태우게 만든다. 파이가 작다보니 경쟁이 과열되면서 중소기업들에는 '그림의 떡'이라는 지적도 나온다. 반면 중국은 풍부한 원조자금을 앞세워 영향력을 확대해 가고 있다. 중국 교통건설(CCCC)은 단기간에 글로벌 건설기업으로 성장했다. CCCC의 해외시장 매출은 지난 2006년 500만달러에서 2016년 30억9300만달러로 급증했다. 중국정부가 외교 채널을 가동해 개발원조자금으로 자국 건설기업을 지원한 덕이다. 지난 2015년 CCCC는 중국 정부로부터 15억달러 차관을 지원받아 일대일로 사업 중 하나인 스리랑카 콜롬보 항구도시 개발사업을 수주하는 데 성공했다. 한국은 부족한 ODA 탓에 힘들게 따낸 사업도 양보해야 하는 처지다. 인천국제공항공사는 지난 2013년 8월 사업비 11억달러 규모의 미얀마 제 2양곤 신공항 개발사업 우선협상대상자로 선정됐지만 이듬해 11월 최종 본계약자 선정에서 일본·싱가포르에 밀려 탈락했다. 미얀마가 원조자금을 요구했지만 우리는 현지정부의 보증성 자금을 고집했기 때문이다.

해마다 SOC 예산이 감소하면서 기업들의 우려가 커지고 있다. 정부의 SOC 예산 축소에다 부동산시장 안정 대책 여파로 국내 건설물량이 감소하고 있어 건설사들은 큰 불안감에 휩싸여 있다. 이런 국내 여건 변화로 EDCF의 몸값은 어느때보다 치솟고 있다. 정부가 EDCF물량 확대를 통해 해외 건설시장 물꼬를 터주면 건설산업의 체질 변화와 연착륙에 크게 기여할 것이다.

09

KIND 출범을
바라보는 시각

해외인프라도시개발지원공사(KIND)가 닻을 올렸다. KIND
는 지난 2018년 6월 여의도 콘래드호텔에서 대대적인 창립
행사를 갖고 활동을 시작했다. 이에 앞서 이달 초 허경구 전
한국전력 해외개발사업처장을 사장으로 하고, 임한규 전 SK
건설 상무와 김영수 전 수출입은행 본부장 등을 상임이사(본
부장)로 하는 초기 경영진을 꾸렸다. KIND는 외부 전문가를
채용하고 공기업 직원을 파견받아 40~50명의 조직으로 시작
했다. 자본금은 1900억원 규모로 조성됐다. 국토교통부 산하
7개 공기업이 1300억원의 현물을 출자하고, 건설공제조합과
수은이 약 600억원의 현금을 댔다.

　　KIND 출범을 보며 가장 기뻐하는 곳은 역시 국토부다. '건설은행'과 같은 금융기관을 산하에 두는 게 국토부의 오랜 숙원 사업이었다. 그러나 기획재정부와 금융위원회의 견제가 만만찮아 오랜 우여곡절 끝에 금융사를 설립하는 데 성공했다. KIND가 은행급은 아니지만 채권 발행을 통해 재원을 조달하고 대출 주선과 투자에 나서는 등 금융사로서의 핵심 기능을 갖는다. 물론 건설사들의 기대도 한몸에 받고 있다. KIND는 금융 뿐 아니라 초기 사업 발굴부터 발주처 협상, 사업타당성 분석 등 전 방위 수주 지원이 가능하다. 그간은 건설사가 초기 사업 조사부터 시작하고 어느정도 딜을 완성한 뒤 수은과 무역보험공사와 같은 수출신용기관(ECA)의 도움을 받았다. 이번에 KIND가 설립됨에 따라 최초 사업구조짜기부터 협력하고 도움받을 게 꽤 많아졌다. 그만큼 안정적으로 해외사업을 발굴해 나갈 길이 생긴 것이다. 여기에다 정부가 출자한 KIND를 사업 파트너로 삼으면 발주처를 상대로 협상의 목소리를 높일 수 있다. 민간기업만으로 컨소시엄을 짜는 것보다 대외 신인도가 상승해서다.

　　신생 KIND에 대한 기대가 크지만 '그 나물에 그 밥' 아니나는 우려도 적지 않다. 우선 KIND가 다른 금융 공기업과 차별화하지 못한 채 보수적 잣대를 들이댄다면 '옥상옥' 기관에 그칠 것이라는 전망이다. 산업은행과 무보는 자신들의 업무와 크게 다르지 않다는 판단에서 KIND 출자 제안을 거부했다. 앞으로의 운영 능력을 봐야 겠지만 경영진 면면에서도 참신함이나 실무적 능력이 다소 떨어진다는 지적이 나온다.

이런 이유에서 KIND가 당초 기대보다 힘이 빠져 출발했고, 납입 자본금도 겨우 채우다시피 했다. 적은 자본금으로 태동한 만큼 우리 기업이 벌이는 대규모 해외 사업에 도움이 될 것이냐는 의문도 제기된다.

해외 프로젝트가 갈수록 대형화되는데 비해 개별 프로젝트에 투자 가능한 KIND의 여력이 충분하지 않다는 것이다. 기대와 우려가 교차하면서, 출발선에 선 KIND의 발걸음이 가볍지 않다. 이전 정부 때 거창하게 출범한 해외건설플랜트정책금융지원센터가 용두사미된 전례도 있다. KIND가 여러 산고와 논란 속에 출범하는 만큼 초심을 잃지 않았으면 하는게

건설인들의 바람이다. 해외 수주를 위해 땀흘리는 건설맨들의
버팀목이자 진정한 파트너가 돼야 한다.

10 터키 차나칼레 수주 다시보기

해외 건설시장을 놓고 기대와 우려가 엇갈리고 있다. 유가가 회복되면서 중동 플랜트 발주가 늘고, 말레이시아~싱가포르 고속철과 같은 대형 인프라 수요가 살아나는 점은 반가운 소식이다.

그렇지만 앞으로 급격한 수주 증가는 어렵다는 게 시장의 평가다. 중동 발주처들의 재정을 예전 수준으로 회복시킬 만큼 유가 상승 폭이 크지 않은데다 환율 하락이 발목을 잡고 있다. 인도·중국 등의 경쟁력 부상도 우리 기업에 위협 요소다. 현대건설이나 SK건설 등 대형 건설사들은 해외 업체와의 수주

경쟁이 갈수록 격화되고 있어 과거와 같은 수주 활황기가 다시 올지 의문이라고 입을 모은다. 이에 경쟁이 심한 EPC(설계 · 구매 · 시공) 입찰을 벗어나 투자개발 사업으로 눈을 돌려야 하는 게 업계의 지상 과제가 됐다. EPC에다 파이낸싱과 운영사업을 더한 투자개발 사업은 경쟁이 덜해 수주가능성이 높아서다. 그러나 여러 이해당사자들의 역량을 합치고 단합해야 빛을 보는 분야라서 진입하기 쉽지 않다.

최근 몇년 새 수주한 사업 중 터키의 차나칼레 현수교사업은 투자개발형의 교과서로 부를 만큼 배울게 많다. 우선 민관이 잘 협력했다. 국토교통부 장관은 터키로 날아가 현지 정부 고위급들을 상대로 한국업체의 수주를 측면 지원했다. 두 건설사가 구성한 컨소시엄도 '신의 한수'격이다. 대림산업과 SK건설은 서로의 장점을 극대화했다. 대림산업은 교량건설 관련 시공경험이 풍부했고 SK건설은 터키 네트워크가 강하며 시장 환경을 잘 알고 있었다. 대출금융기관으로 참여한 국내 민간은행들도 파이낸싱 역량을 보여주며 공신 역할을 했다. 3년 전 미국 LNG발전소인 사빈패스사업에 참여할 때만 해도 국내 은행들은 만기 5년짜리 대출에 참여했다. 그 이상 기간의 여신은 리스크가 크다는 판단에서다. 그러나 이번 사업에는 15년짜리 장기 대출을 제공했다. 대출 리스크를 공유하면서 사업자의 자금조달 부담을 낮춰준 것이다. 수출입은행과 무역보험공사와 같은 수출신용기관(ECA)도 대주단 구성에 크게 기여했다. 당초 투자 보증을 제공하려던 세계은행 산하 MIGA가 중도에 발을 빼면서 자금조달 과정이 지체됐는데 MIGA의 공백을 ECA가 잘 메워줬다. 정부와 건설사 금융사가 역량을 합쳐 딜을 마무리했다는 점에서 '팀코리아'의 전형이라 할 수 있다.

이제 투자개발형 사업은 답보 상태에 머무느냐 한단계 도약하느냐의 전환점에 있다. 더욱이 해외인프라·도시개발지원공사(KIND)가 출범하면서 해외 건설기업들의 금융역량 부족분을 채워줄 것이란 기대도 나온다. KIND는 '지분 투자'가 가능하고 건설사들의 해외사업 펀딩갭을 채울 수 있다. 반면 연기금과 같은 재무투자자(FI)나 공기업 운영사들의 해외 건설사업 참여 기피는 여전히 난제로 꼽힌다. 해외 수주 확대는 이제 EPC기업들의 경쟁력만의 문제가 아니다. 정부와 건설사 금융사 운영사가 협력해 제2, 제3의 차나칼레 신화를 쓰기 바란다.

차나칼레현수교 조감도

11

SOC공기업이 해외
인프라 공략 첨병

도로공사 철도공사 공항공사 인천국제공항공사 수자원공사 등 국토교통부 산하 공공기관 5곳의 해외 인프라시장 진출 현황과 애로사항을 취재한 적이 있다. 이들 공기업의 공통된 의견을 간추리면 '운영과 유지관리(O&M)'능력이 세계적 수준이지만 아직은 가시적 진출 성과가 없다는 거였다.

인천공항공사가 운영하는 인천공항의 브랜드가치는 10년 연속 세계1위를 차지했다. 국내 15개 지방공항을 운영하는 한국공항공사는 규모가 각기 다른 공항시설을 관리해 온 노하우가 있어 전 세계 어느 공항의 요구에도 맞출 수 있다. 도로

공사와 수자원공사 철도공사 역시 해외에서의 시설 운영에 자신감을 보였다. 그러나 아쉽게도 해외 운영교육이나 컨설팅 수주에 그칠 뿐 본격적인 해외 진출 사례가 전무하다. 수자원공사가 파키스탄 등 신흥국에서 일부 수력발전 관련사업을 수주한게 전부다. 나머지 공기업들은 여전히 도전에 그치고 있다. 특히 화물과 여객 수요 급증으로 수조원에서 수십조원의 철도 및 공항 프로젝트가 줄을 잇고 있지만 한국 업체는 외면받고 있다. 담당 부서장들은 해외 진출이 쉽지 않은 원인도 설명했다. 도로공사는 공공기관에 대한 엄격한 정상화 평가 탓에 적극적 진출이 쉽지 않다고 지적했다. 공항공사도 공기업의 까다로운 내부 투자 결정 절차나 관행을 개선해야 한다고 지적했다. 투자 손실에 대한 우려로 투자 결정이 지나치게 보수적이라는 것이다. 수자원공사는 해외 경험을 토대로 환율 리스크를 가장 큰 애로사항으로 꼽았다. 공기업들은 또한 해외 PPP사업을 진행하기 위한 금융 조달의 어려움도 지적했다. 미얀마 공항 수주전에서 일본에 역전패한 것은 우리 컨소시엄이 금융 조달을 위해 현지 정부의 보증을 계속 요구한 반면 일본은 풍부한 무상 원조자금 공세를 펴면서 미얀마 정부의 마음을 돌려놨기 때문이다.

우리 기업의 해외 건설시장 진출은 적잖은 도전 과제에 직면해 있다. 중동과 공종 편중이라는 고질적 문제는 물론 유가와 같은 해외 경제환경 변화에도 취약한 실정이다. 때문에 많은 전문가들은 해외 시장에서 지속 성장하려면 아시아로 눈을 돌리고 투자개발형 사업으로 사업구조를 개편해야 한다고 입을 모은다.

한국이 투자개발형 사업을 선점하려면 공기업은 물론 금융기관, 건설사들이 3각 편대를 형성해야 한다. 수은은 공기업들의 어려움을 보듬어주고 초기부터 딜 소싱과 사업 발굴에 호흡을 맞추면서 공기업들의 해외 진출 의지를 북돋워줘야 한다. 해외 선진 금융기관들은 단순 금융지원에 그치지 않고 사업주에 대한 자문 등 비금융 측면에서도 힘을 발휘하고 있다. 건설업계 혼자 힘만으로 해외 인프라시장 공략하는데 한계가 있다. 공기업이 첨병 역할을 하고 금융권이 뒤에서 밀어줘야 진정한 건설한류를 꽃피울 수 있을 것이다.

12

다자개발기구(MDB)에
프로젝트전문가를 보내자

지난 2013년 개봉한 전도연·고수 주연의 영화 '집으로 가는 길'을 보면 공무원의 민낯을 만나게 된다. 영화는 주인공 장미정씨가 지인에게 속아 마약을 운반하다가 프랑스 공항에서 체포된 뒤 서인도제도 마르티니크섬 감옥에서 고초를 겪다 2년 만에 돌아오는 실화 과정을 그렸다. 영화는 프랑스 주재 한국대사관이 통역을 지원하지 않고, 중요한 판결문도 프랑스 법원에 전달하지 않는 등 장씨 사건을 건성으로 처리한 것처럼 묘사했다. 대사관 관료들이 국회의원 방문에 맞춰 식당예약을 하느라 주인공의 딱한 처지를 나몰라라 하는 모습도 보여준다. 영화와 비교할 것까지는 아니지만 해외건설업에서 일해 본 사람이라면 다자개발기구(MDB)에 파견된 공무원과 MDB 수혜자인 기업 간 간극이 크다는 것을 느낀다.

아시아개발은행(ADB), 세계은행(WB), 유럽개발은행(EBRD), 미주개발은행(IBD)과 같은 MDB에는 주로 기획재정부 금융위원회 등 재경직 고위 관료들이 파견된다. 이들은 주로 우리나라가 출자한 지분이나 자금, 펀드를 관리하는 일을 한다. 일부 공무원은 MDB의 파견을 자신의 경력관리나 충전의 기회로 활용하기도 한다. 분위기가 그렇다 보니 MDB에서 발주하는 인프라 프로젝트에 대해 잘 모르고 이를 우리기업에 연결하는 데도 관심이 별로 없다. 프로젝트에 자문하고 우리 기업에 연결하는 데 소극적이란 게 기업들의 평가다. 한 건설사 관계자는 "MDB 발주 프로젝트에 관심을 갖고 올인하는 공무원을 보지 못했다. 기업들이 알아서 입찰 정보를 확인하고 수주하라는 식"이라고 지적했다. 모든 국가에 공개된 입찰 정보는 수주하는 데 별 도움이 되지 않는다. 알려진 정보를 들고 움직이기에는 늦다. 입찰 이전에 초기 단계부터 프로젝트를 알아야 살벌한 국제 경쟁에서 승자가 될 수 있다. 중국과 일본 정부는 일찍부터 자국 기업들의 개도국 진출 연계방안을 마련하고 원조자금(ODA)과 MDB를 통해 기업들의 수주 활동을 협력한다.

개도국의 인프라사업은 MDB금융을 재원으로 발주되는 사례가 늘고 있다. 정부 재정이 열악하다 보니 정부 발주공사보다는 MDB 발주 공사로 전환하는 추세다. 또 대형 프로젝트에는 상업금융과 MDB금융을 섞은 복합금융 방식도 확산되고 있다. 때문에 MDB 발주 프로젝트에 문을 두드리려는 우리 기업들이 늘고 있다. 그러나 진출 절차를 잘 모르고 방식도 복잡해 기업들의 시도는 실패하기 일쑤다. MDB 설명회에 몇 번 참가한 것으로 MDB 발주 공사를 따내기는 힘들다. 특히 아시아인프라투자은행(AIIB)이 출범하면서 우리기업에 MDB의 중요성이 더욱 커질 것이다. AIIB 초기에는 ADB와의 보완적 역할에 머물겠지만 점차 AIIB가 아시아 지역 내 주요 인프라 공사를 주도할 것이란 게 전문가들의 예측이다. 결국 AIIB 발주 공사를 얼마나 많이 확보하느냐가 아시아 지역 건설사들의 명운을 좌우할 것이다.

철도나 도로 같은 인프라 건설은 막대한 자금이 소요되고 경제성을 담보하는 게 쉽지 않아 프로젝트를 분석하는 게 중요하다. 때문에 초기부터 대규모 개발이 필요한 국가에 대해 정부가 '비즈니스 외교'를 강화해 한국 건설사들의 진출기회를 확보해야 한다. 물론 기업들도 적극적으로 정보를 수집하고 활발한 수주활동을 펼쳐야 한다. 그러나 신시장 진출 시 예상치 못한 각종 리스크에 노출돼 수익성 악화로 연결되는 게 허다하다. 기업이 미리 조사한다고 해도 정보력에 한계가 따른다. 때문에 MDB 파견 공무원들의 정부차원 프로젝트 조사, 자문 등을 통한 비즈니스 외교가 점점 중요해지고 있다. 지금처럼 기재부나 금융위 관료를 안식년 내보내듯이 MDB에 파견하는 것은 곤란하다. 공무원 대신 민간 프로젝트 전문가를 파견하거나 공무원 중에서도 프로젝트에 장기간 관여하고 올인할 수 있는 사람을 파견해야 할 것이다.

13

초대형 IB, 해외 인프라시장서 할 일 많다

정부는 자기자본 3조원을 넘는 대형 증권사를 '종합금융투자업자(초대형 IB)'로 지정하고 있다. 초대형 IB에 대한 정부 인센티브가 기업 대출에 방점이 찍힌 만큼 초대형 IB들은 기업 관련 금융서비스에서 성장을 모색하고 있다. 기업 금융 가운데 우리 건설사들이 수주한 해외 인프라사업에서 자금 조달 및 중개 역할이 커질 것으로 예상된다. 초대형 IB가 은행들과 같은 형태의 담보 대출이나 보증업무를 취급한다면 이 분야 노하우가 풍부한 은행에 비해 경쟁력이 없다. 지금도 자기자본 3조원 이상 증권사에 대출이 허용됐지만 실제 실적이 미미하다. 대출받는 기업의 신용도나 담보물건에 대한 심사능력이

은행보다 떨어지기 때문이다. 초대형 IB들은 이런 기업대출이나 보증보다는 해외 인프라사업과 프로젝트파이낸싱(PF)금융에서 차별화를 꾀하고 있다. 이 시장에 뛰어들려면 은행들이 두려워하는 리스크테이킹(위험 감내)과 자금조달 능력을 종합적으로 갖춰야 하기 때문에 IB들의 승부처가 됐다. 도로와 철도 등 대규모 프로젝트를 위한 구조화 금융은 메자닌(중·후순위 대출), 초기지분 투자 등 위험자본 조달 여부에 따라 성패가 갈린다. 그러나 일반 상업은행들은 후순위 자금공급을 감당하기 어려워 기피한다.

  우리 기업들이 해외 건설 및 인프라시장을 개척하면서 애로사항 중 하나로 꼽는 것이 '펀딩갭(Funding Gap·자금 부족)'문제다. 대우건설 GS건설 SK건설 등을 중심으로 국내 건설업계는 해외에서 단순 도급사업을 벗어나 지분 투자형 개발사업을 활발히 벌이고 있다. 그러나 산업은행·수출입은행의 지원만으로 금융 공급이 원활치 않아 사업 추진 과정에서 파이낸싱 부족을 호소하고 있다. 유동성이 풍부한 한국투자공사 연기금·보험사 등 기관투자자들이 해외 인프라투자를 늘리고 있지만 이들 역시 위험자본을 대는 데 대해 기겁한다.

대형 IB들의 설 자리는 여기에 있다. 해외 진출하는 인프라 사업주와 머리를 맞대 필요한 금융을 구조화한 뒤 확충된 자본력으로 위험자본에 선(先)투자해야한다. 이 경우 프로젝트의 신뢰성을 확보해 민간 은행과 기관투자자들의 자금을 끌어들이는 '딜 해결사' 역할을 할 수 있다. 대형 해외 딜을 몇 건 수행하다 보면 경험이 축적되고, 숙련된 IB전문가 풀도 갖춰질 것이다. 자연스레 비즈니스 규모가 커지고 글로벌 IB로 도약할 수 있는 길이 열리는 것이다. 한국 사업주들은 탄탄한 금융 경쟁력을 등에 업고 일본이나 중국 사업주와 대등하게 해외 사업을 펼칠 수 있다. 우리 건설사와 대형 IB가 해외시장에서 '찰떡 궁합'을 보일수록 건설한류와 금융한류가 동시에 꽃피울 것이라 확신한다.

14

재조명받는 건설·금융의 해외 동반진출

해외에 진출하는 건설사에 대한 은행들의 러브콜이 이어지고 있다. 신한은행은 지난 2016년 건설공제조합과 해외건설공사 보증지원을 위한 업무협약을 맺었다. 이번 협약에 따라 신한은행과 조합은 건설업체에 지금보다 30% 더 저렴한 해외건설공사 보증을 제공한다. 또 건설공제조합이 보증심사와 손해를 책임지면 신한은행은 신속히 이행보증서를 발급하기로 했다.

우리은행도 전기공사공제조합과 해외공사 보증 지원을 위해 손잡았다. 전기공사업체가 보증서 발급을 요청하면 우리은행은 최대 50%까지 자체적으로 보증 책임을 부담하기로 했다. 그동안은 100% 보증 담보를 요구해 전기 공사업체들이 보증서 받기가 크게 어려웠다. 해외에서의 건설 공사라 위험하다며 보증서 내주기를 주저했던 은행들의 기존 관행하고는 사뭇 다른 것이다. 은행들이 보증 문턱을 낮추면서 건설사들은 해외 공사 수주 때 필요한 보증서를 지금보다 신속하고 편리하게 발급받게 됐다.

그동안 해외건설 보증 영업에 소극적이던 은행들이 최근 태도를 바꾼 이유가 무엇일까. 이는 우리의 주력 산업 구조조정과 은행들의 영업전략 변화에서 답을 찾을 수 있다. 조선 · 해운 · 철강 · 석유화학 등 한국경제를 먹여살리던 간판산업이 사양화되면서 구조조정을 겪고 있다. 주요 기업들은 저조한 수요와 미래 경기에 대한 불확실성으로 설비 투자에 나서지 않고 있다. 사정이 이렇다보니 기업을 상대로 한 은행들의 대출이나 자금 공급이 크게 줄었다.

이에 은행들은 해외에 나가 활로를 찾고 있다. 신한은행은 해외 20개국에 148개의, KEB하나은행은 해외 24개국 에 13

1개의 영업망을 각각 보유하고 있다. 이들 해외 현지법인 또는 지점들은 수익을 올려야 하지만 현지인과 현지기업을 상대로 금융경쟁력을 확보하기가 쉽지 않다. 해외 시장을 개척하려면 현지 진출한 국내 기업들의 자금 수요에 우선 대응해야 한다. 우리 기업 중 해외 진출이 가장 활발한 분야가 건설·플랜트기업이다. 건설사들 역시 상황이 다르지 않다. 국내 일거리가 없어 해외 건설시장으로 나가고 있지만 보증을 포함한 금융 부족을 아쉬워하고 있다. 아시아 중남미 등 신흥국 뿐 아니라 중동 산유국 발주처도 금융을 동반한 사업 이행을 요구하고 있다.

제2 중동 붐이 일면서 정부는 지난 2013년 8월 '해외건설·플랜트 수주선진화방안'을 내놓았다. 이 방안은 정책금융 강화 위주여서 한계가 따랐고 반쪽자리에 그쳤다는 평가를 받았다. 당시만 해도 민간은행들은 건설금융의 동반진출을 외면하다시피 했다. 그러나 이제 해외분야 덩치를 키운 민간 은행들이 생존하기 위해선 건설사에 손을 뻗을 때가 됐다. 건설은 금융 뒷받침 없이는 수주 경쟁력이 없으며, 금융사는 우리 기업을 디딤돌 삼아야 현지 진출을 가속화할

수 있다. 모처럼 꽃피우고 있는 건설과 금융의 윈윈 모델은
한국경제에 새로운 활력소가 될 것이다.

15

신흥 건설시장 '펀딩갭', 민간 은행들과 같이 풀자

해외 프로젝트파이낸싱(PF)시장에서 시중은행들의 활약이 두드러지고 있다. 그동안은 금융경쟁력이 앞선 글로벌 은행이나 수출입은행·무역보험공사와 같은 수출신용기관(ECA)이 해외 PF시장에 주로 참여했다. 국내 민간은행들은 경험이나 자금력에서 열위에 있는 탓에 해외 PF 링 위에 오르기가 쉽지 않았다. 하지만 최근 국내 기업이 운영이나 건설에 참여하지 않는 순수 글로벌 PF 딜을 민간 은행이 자문 주선할 정도로 성장했다.

KB금융그룹은 글로벌 은행들과 함께 7500억원 규모의 미국 가스복합화력발전소 PF 인수 건을 주선했다. 기업은행 역시 사업비 1조7000억원 규모의 미국 뉴욕주 크리켓밸리 가스복합 화력발전소 PF를 공동 주선했다. 국내 인프라PF의 터줏대감인 산업은행도 해외로 눈을 돌리고 있다. 지난 2014년 5억달러에 불과하던 이 은행의 해외 PF 투자는 크게 늘고 있다.

해외 PF시장에서 국내 은행권의 활동이 많아지는 이유는 좀 더 많은 수익을 기대하고 있어서다. 저금리 기조 속에서 은행들은 더 이상 국내 금융에 안주했다가는 돈을 벌기 쉽지 않다. 시장성이 높은 해외 PF시장에서 승부를 볼 수 밖에 없는 환경이 조성된 것이다. 은행들이 해외 PF시장에서 전례없는 성과를 내는 것은 국가적으로 좋은 일이다. 그렇지만 해외 PF시장에서 우리 기업들과 시너지를 내지 못하는 데 대해선 아쉬움이 크다. 저유가와 발주 지연으로 한국 기업들은 해외 시장에서 고전하고 있다. 우리 건설기업들은 아프리카, 동남아시아 등 신흥시장에서 기회를 보고 있다. 떠오르는 시장인 만큼 일감이 많으나 공사나 사업권을 따내기 위해서는 금융을 동반해야 한다.

우리 기업들이 애로사항으로 꼽는게 '펀딩갭(금융 부족)' 문제다. 금융 공급이 원활치 않아 사업 추진 과정에서 좌절하기 일쑤다. 첫째적으로 수은과 무보 등 ECA들이 정책금융으로 수주를 뒷받침 해야한다. 그러나 조선·해운업의 대규모 부실로 움츠러든 상황이어서 신용도가 낮은 국가에서 리스크를 떠안으면서 지원하기 어렵다. 글로벌은행들도 손사래를 치고 있다. 물론 국내 민간 은행들이라고 해서 개도국시장에 뛰어들 여유가 많은 것은 아니다. 까다로운 여신 심사를 통과하기 어렵기 때문이다. 최근의 PF 참여 딜이 선진국에 쏠려 있는 점이 이를 잘 방증한다. 우리 은행들과 기업들이 해외로 눈을 돌리는 이유는 장기 불황인 국내를 벗어나야 한다는 공감대가 형성됐기 때문이다. 기업들은 신흥시장에서 펀딩갭에 시달리면서 금융지원에 목말라 있다. 이럴 때 유동성이 풍부하면서 선진국에서 경험을 쌓은 국내 은행들이 일정부분 해결사 역할을 해줘야 한다. ECA와 공동 협력해 리스크를 줄이는 새로운 금융구조를 찾는 것도 방법이다. 우리 기업이 잘 되면 그 과실은 결국 국내 은행에 돌아온다.

● 맺음말

　요즘 건설금융이나 부동산금융, 인프라금융에 종사하는 사람들이 갈수록 늘어나는 것을 체험한다. 여의도 증권가에서도 대체투자분야가 확실히 자리잡아가고 있음을 느낀다. 더불어 부동산금융과 인프라금융 관련된 기사도 많이 나오고 있다. 대체투자시장이 확대되는 것은 관련업에 종사하는 사람들에게 반가운 일이다. 지난 1994년 민간투자법이 제정되고 1995년 인천공항고속도로사업에 프로젝트금융(PF)방식이 도입된 이후 PF금융은 올해 햇수로 24년째를 맞는다. 국내외 인프라사업 관련, 정통 PF이든 부동산PF이든 PF는 이제 주요 금융기법으로 자리잡았다.

　건설업은 금융 레버리지 없이 독립적 산업으로 영위하기 힘들다. 저성장에 처한 금융업도 건설과 부동산에서 수익을 내지 않으면 존립이 어렵다. 건설과 금융업이 융복합할 수 밖에 없는 이유다. 건설과 금융의 융복합시대를 맞아 여러 변화와

혁신이 감지된다. 재무적 투자자(FI) 주도의 민자사업과 책임
준공신탁상품 등 창의력이 결합된 건설금융상품이 나오고 있
다. 이는 금융업과 건설산업 종사자에 기회요인이 되고 있다.
건설·부동산산업과 금융이 융복합을 이루고 있지만 정부 정
책은 아직 걸음마 단계에 머문 실정이다. 건설업과 금융업의
소관 부처가 달라 사실상 사각지대에 놓여있다. 육성은커녕
규제의 잣대로 보는게 현실이다. 책임준공신탁이나 FI 주도
민자사업이 국내 선보이기까지 많은 난관이 있었다. 또한 부
동산 간접 투자에 대한 개인투자자들의 관심이 늘고 있는데도
그만큼 금융기법이 발달되지 않은 점도 많은 아쉬움을 남긴
다. 개인들이 리츠(부동산투자회사)나 부동산펀드, 개인대개인
(P2P)대출 상품에 투자하고 싶어도 믿을 수 있으면서 수익이
좋은 상품을 찾을 수 없다고 호소한다. 이런 상품 개발에 금
융당국은 미온적이다. 부동산업은 자신들의 소관영역이 아닌
데다 자칫 부동산가격을 자극할 것이라는 우려 때문이다.

이 책을 내면서 내린 결론 중 하나는 '백 투 더 베이직(Back
to the basic·기본으로 돌아가자)'이다. 건설금융산업은 관련
업계의 적잖은 시행착오를 거쳐 기본으로 돌아가고 있다. 그

기본 출발선 위에서 창의성을 결합하면 이 자체로 하나의 주요 내수산업이자 고부가 수출산업으로 성장시킬 수 있다. 정부도 건설과 금융의 융복합 추세를 규제가 아닌 육성의 시각으로 새롭게 보는 출발선에 섰으면 한다.

건설과 금융, 융복합 시대

초판 2쇄 인쇄   2018년 12월 26일
초판 2쇄 발행   2018년 12월 31일

지은이 | 원정호
펴낸곳 | 출판사 처음
출판신고번호 | 제 2015 - 000020호

주   소 | 경기도 고양시 일산서구 일현로 140, 109동 202호
전   화 | 02-3472-1950
팩   스 | 02-379-4535
이메일 | mrm97@naver.com

ISBN | 979-11-954837-9-2 13320